Bastians / Jung

Vorbereitung auf die

AdA-Prüfung für Fachwirte

Praktische Prüfung nach Ausbildereignungsverordnung (AEVO) für alle Fachwirte

- **Präsentation**
- **Unterweisung**
- **Fachgespräch**

Frankfurt a.M., Juli 2019

1. Auflage

Autoren: Heike Bastians und Selina Jung

Umschlaggestaltung: Simone Meckel

Redaktionsschluss: 17.5.2019

ISBN 978-3-95887-010-9

Für Milan - der während ihrer Arbeit an diesem Buch stets bei seiner Mutter war

Inhaltsverzeichnis

Vorwort

Dieses Buch behandelt ausführlich die Vorbereitung auf die praktische Prüfung zur AEVO. Unabhängig davon, ob Sie sich für die Unterweisungsprobe (Durchführung einer Ausbildungssituation) oder die Präsentation (Präsentation einer Ausbildungssituation) entscheiden: Die Hilfe zu beiden Varianten erhalten Sie in diesem Buch. Auch geben wir Ihnen Entscheidungshilfen für die Wahl zwischen Unterweisungsprobe und Präsentation.

Wir führen Sie durch die Vorbereitung, die Prüfung sowie das anschließende Fachgespräch im Rahmen der praktischen Prüfung.

Weiterhin finden Sie ein Beispielkonzept, welches noch in einigen IHKs verlangt wird sowie das Deckblatt für die Prüfer. Im hinteren Teil sind Fachbegriffe und Fragen aufgelistet, die häufig im Fachgespräch gestellt werden. Dies soll Ihnen zur Einstimmung auf die Prüfung dienen.

Wir wünschen Ihnen viel Erfolg für die Prüfung und die anschließende Arbeit mit Auszubildenden.

Heike Bastians und Selina Jung

1. Allgemeine Informationen

1.1 Wissenswertes

Sie haben Ihre Weiterbildungsprüfung zum

- ✓ Bankfachwirt
- ✓ Gesundheitsfachwirt
- ✓ Handelsfachwirt
- ✓ Immobilienfachwirt
- ✓ Industriefachwirt
- ✓ Technischen Fachwirt
- ✓ Wirtschaftsfachwirt

erfolgreich bestanden? Prima! Damit haben Sie den theoretischen Teil der AEVO Prüfung schon in der Tasche. Nun müssen Sie noch den praktischen Teil erfolgreich ablegen und Sie dürfen sich geprüfter Ausbilder nennen. Sie sind dann berechtigt, anerkannte Ausbildungsberufe, entsprechend Ihrer Fachrichtung, auszubilden.

Was heißt eigentlich AEVO?
Ganz einfach: Ausbildereignungsverordnung. Von Region zu Region in Deutschland hört man manchmal auch „AdA". Das heißt: Ausbildung der Ausbilder. Beide Begriffe sind richtig.

Mit diesem Buch bereiten wir Sie auf den praktischen Teil der AdA-Prüfung vor. Ohne Lernen geht es jedoch nicht. Sie sollten sich, wie für Ihre anderen Prüfungen auch, vorbereiten. Wenn Sie hören, die Prüfung ist easy, das packst Du mit links, ist das nur zum Teil richtig. Vieles steht und fällt mit der Auswahl Ihres Themas. Und wir helfen Ihnen dabei, durch die Unterweisungsprüfung (noch ein weiteres Wort für die praktische Prüfung) zu kommen.

Die Prüfung legen Sie vor einer **zuständigen Stelle** ab. Was ist denn die „zuständige Stelle"? In der Regel ist das die **IHK** oder die **HWK**. Übrigens ist das bereits eine beliebte Frage in dem Fachgespräch. Bitte melden Sie sich schriftlich zur Prüfung bei dieser zuständigen Stelle an. Informationen und Anmeldeformular bekommen Sie auf den jeweiligen Internetseiten der IHK und HWK. Oder greifen Sie einfach zum Telefon und rufen Sie direkt an. Der Termin zur Prüfung wird Ihnen schriftlich bestätigt.

Waren Sie mit dem Ablauf Ihrer Prüfung zum Fachwirt bei Ihrer IHK zufrieden? Dann haben Sie es einfach. Melden Sie sich entweder dort auch für die AEVO Prüfung an, oder hören Sie sich im Freundes- und Bekanntenkreis um. Fragen Sie, ob schon jemand mit der ein oder anderen zuständigen Stelle Erfahrungen gemacht hat. Sie sind nicht verpflichtet, die Prüfung bei Ihrer nächsten zuständigen Stelle abzulegen. Sie haben die freie Wahl.

1.2 Fragen an die zuständige Stelle

Da die Rahmenbedingungen in der AEVO-Prüfung von Kammer zu Kammer unterschiedlich sein können, sollten Sie vorab folgende Fragen an Ihre Wunsch-Kammer stellen:

1. Wann ist die nächste Prüfung?
2. Was kostet die Prüfung?
3. Bieten Sie einen Vorbereitungstag für die praktische Prüfung an?
4. Kann ich für die praktische Durchführung meinen „Azubi" selbst mitbringen? (Wir erläutern noch, was damit gemeint ist.)
5. Wie lange habe ich bei Ihnen für meine Präsentation/ meine praktische Durchführung Zeit? 10, 12 oder 15 Minuten?
6. Fragen Sie, wann Ihre IHK das Deckblatt/Merkblatt für Prüfer eingereicht haben möchten?
   (vorab oder am Prüfungstag)
7. Fragen Sie, ob Ihre zuständige Stelle ein Konzept zur praktischen Prüfung verlangt. Das ist von Kammer zu Kammer unterschiedlich. Einige verlangen gar keines mehr. Wir beschreiben noch, wie ein Konzept aussehen sollte, aber auch das ist von Kammer zu Kammer unterschiedlich.
8. Fragen Sie, welche Medien die zuständige Stelle zur Verfügung stellt (z.B. Flip-Chart, Whiteboard, Pinnwand etc.)
9. Wenn Sie eine Präsentation mit dem Notebook halten möchten: gibt es einen Beamer?

1.3 Der Prüfungsausschuss

Die Prüfer sind keine Unmenschen, wollen Sie nicht fressen und haben alle selbst einmal Prüfungen abgelegt. Sie wissen also, dass eine gewisse Nervosität bei den Prüflingen normal ist.

Der Prüfungsausschuss besteht i.d.R. aus drei Mitgliedern, wovon eine Person den Vorsitz innehat. Manchmal sitzt noch eine vierte Person mit im Raum, das könnte dann ein Hospitant sein. Also jemand, der sich für die Tätigkeit als „Prüfer" interessiert und hier bei erfahrenen Prüfern zuhört. In unserer langjährigen Tätigkeit in unterschiedlichen Prüfungsausschüssen, haben wir es noch nie erlebt, dass irgendein Prüfer einen Prüfling „fertig" gemacht hat. Im Gegenteil. Diese drei Menschen, die Ihnen da gegenübersitzen, möchten Sie gerne, bei entsprechend erbrachter Leistung, bestehen lassen. Weiterhin werden wir in unseren Kursen oft gefragt, ob man den Prüfern bei Betreten des Prüfungsraumes die Hand geben soll. Wir persönlich möchten es nicht und finden es überflüssig. Verlassen Sie sich einfach auf Ihr Bauchgefühl.

Wichtiger Hinweis: Die Prüfer machen sich während Ihrer Präsentation oder Ihrer Unterweisung Notizen. Lassen Sie sich dadurch nicht aus der Ruhe bringen. Das hat nichts mit der Qualität Ihrer Unterweisung zu tun, sondern mit Aufgaben, die im Rahmen der Prüfertätigkeit notwendig sind.

2. Die praktische Prüfung

Vor Beginn der Prüfung, stellen die Prüfer Ihnen einige Fragen:

1. Man fragt Sie nach einem Ausweisdokument.
2. Man fragt Sie, ob Sie sich gesundheitlich fit fühlen, die Prüfung abzulegen.
3. Man bittet Sie und Ihren Auszubildenden, wenn Sie einen dabeihaben, Handy und Smartwatch ganz auszuschalten.
4. Man fragt Sie, ob Sie mit der Zusammensetzung des Prüfungsausschusses einverstanden sind bzw. ob Sie diesem gegenüber befangen sind.
5. Man fragt Sie, ob der Hospitant (falls einer dabei ist), im Raum bleiben darf.

Es gibt grundsätzlich **zwei Möglichkeiten** den praktischen Teil der AEVO-Prüfung zu absolvieren:

1. mittels einer **Präsentation** einer Ausbildungssituation
2. mittels einer **praktischen Durchführung einer Ausbildungssituation** (Unterweisung)

Auf beide Varianten gehen wir im Folgenden ausführlich ein.

2.1 Der formale Ablauf

Der praktische Teil der AEVO-Prüfung besteht aus **zwei Teilen:**

1. Der **Präsentation** oder der praktischen **Durchführung einer Ausbildungssituation**. Dieser Teil sollte mindestens 10 Minuten und höchstens 15 Minuten dauern. Sollten Sie für Ihre praktische Durchführung einen „Auszubildenden" mitgebracht haben, wird dieser danach gebeten, den Raum zu verlassen.

2. Das **Fachgespräch** zwischen Ihnen und dem Prüfungsausschuss mit einer Dauer von ca. 15 Minuten.

Insgesamt sollte die Prüfung also nicht länger als **30 Minuten** dauern.

Nach Beendigung des Fachgespräches werden Sie gebeten den Raum zu verlassen, und der Prüfungsausschuss berät über die Punktevergabe. Dies dauert in der Regel bis zu 15 Minuten – allein schon deshalb, weil einiges an Formularen auszufüllen ist. Wenn es sich zeitlich etwas zieht, muss das also keine Streitigkeiten bei der Einigung im Ausschuss bedeuten.

In die Punktevergabe/Bewertung gehen sowohl die Präsentation/Durchführung einer praktischen Ausbildungs-situation als auch das Fachgespräch zu gleichen Teilen (50/50) ein.

Im **Fachgespräch** führt meist ein Mitglied des Ausschusses Protokoll über die geprüften Themen mit einer Notiz, ob die Fragen mit oder ohne Hilfestellung, ganz oder teilweise, richtig oder falsch beantwortet wurden. Auf dieser Grundlage werden die Punkte für das Fachgespräch vergeben.

Wenn der Ausschuss sich festgelegt und alle Formulare ausgefüllt hat, werden Sie wieder in den Prüfungsraum hereingerufen. Sie bekommen nun Ihr Ergebnis (bestanden/nicht bestanden) direkt mitgeteilt.

In manchen Fällen „kondoliert" der Vorsitzende und bringt einem schonend bei, dass es nicht gereicht hat. Sie dürfen die praktische Prüfung dann noch zweimal wiederholen und haben dafür zwei Jahre Zeit.

Meistens aber gibt es eine Gratulation und Sie können Sie ab diesem Zeitpunkt „Ausbilder“ nennen. Manche machen es auch erst mal spannend und stellen dem Kandidaten die durchaus ernst gemeinte Frage, wie er selbst denn die gezeigte Leistung einschätzt. Das ist zugegeben in diesem Moment, in dem man einfach nur wissen will, ob man es geschafft hat, nicht sehr menschenfreundlich. Danach erhält man eine vorläufige Bescheinigung über den erfolgreichen Abschluss. Sie ist einfach deshalb vorläufig, weil das Ergebnis noch formal „festgestellt" werden muss, und steht auch unter dem Vorbehalt etwaiger Rechenfehler. Sie enthält auch keine Noten! Offiziell soll die Note auch noch nicht mitgeteilt werden; aber viele Prüfer haben Mitleid mit der Neugier der Betroffenen und verraten es rein informell. Auf keinen Fall sollte man aber den Fehler machen, aus einer allgemeinen anerkennenden Bemerkung wie „Na, das ist doch ganz gut gelaufen“ abzuleiten, dass man eine 2 hat, weil der Prüfer ja das Wort „gut“ benutzt hat.

2.2 Entscheidung Präsentation oder praktische Durchführung

Sie müssen sich überlegen, wie Sie Ihre praktische Prüfung gestalten möchten. Können Sie eine gute PowerPoint Präsentation erstellen, können Sie gut mittels Moderationskarten präsentieren? Denken Sie bitte daran, dass Sie in jedem Fall eine betriebliche Ausbildungssituation oder eine Ausbildungseinheit darstellen müssen. Es gab schon Prüflinge, die eine Firmenpräsentation gehalten haben. Hier heißt es dann: Thema verfehlt.

Sie sollen nämlich auch im Rahmen der Präsentation eine berufstypische Ausbildungssituation darstellen. Das bedeutet, Sie müssen den Prüfern zeigen, wie Sie z.B. Ihrem Azubi einen Ausbildungsschritt beibringen, der für seine Ausbildung wichtig ist.

Alternativ zeigen Sie in der Durchführung einer Unterweisung gemeinsam mit „einem Azubi“ eine Ausbildungseinheit.

Die Auswahl und die Gestaltung Ihrer praktischen Prüfung, egal ob „Präsentation“ oder „Durchführung einer Ausbildungssituation“ müssen Sie im Fachgespräch erklären können.

In der Wahl des Themas sind Sie unter Berücksichtigung der berufs- und arbeitspädagogischen Relevanz völlig frei. Es geht hier nicht um ein besonders schwieriges und umfangreiches Thema, sondern um eine gute und vor allem methodisch-didaktisch sinnvolle Vermittlung und Durchführung. In jedem Fall sollte sich das gewählte Thema aus dem

Ausbildungsrahmen des entsprechenden Ausbildungsberufes ableiten, für welchen Sie als Ausbilder agieren möchten. Den Ablauf der Unterweisung – unabhängig ob Präsentation oder Durchführung einer praktischen Ausbildungssituation - sollten Sie im Vorfeld üben. Wenn Sie einen „Azubi" mitnehmen, sollte auch dieser beim Üben dabei sein.

Nutzen Sie gerne unterschiedliche **Medien** zur visuellen Gestaltung. Jedoch: Mehr als zwei sollten es eher nicht sein. Es wirkt sonst leicht überfrachtet. Nutzen Sie z.B. das Flipchart und Moderationskarten. Denken Sie immer daran, Ihren Auszubildenden miteinzubeziehen. Aktivieren Sie ihn/sie, indem Sie offene Fragen stellen. Offene Fragen sind meist die sogenannten W-Fragen. Auf diese antwortet man in der Regel mit einem ganzen Satz. Auf geschlossenen Fragen antwortet man in der Regel nur mit JA oder NEIN. Motivieren Sie ihn/sie, lassen Sie ihn/sie selbst am Flipchart schreiben oder die vorbereiteten Moderationskarten am Whiteboard in eine Liste mit Begriffen anpinnen. Die Prüfer möchten gerne sehen, dass Sie es verstehen, Ihren Auszubildenden von Anfang an einzubeziehen.

Der Auszubildende muss aktiv an Ihrer Unterweisung teilnehmen. Das schaffen Sie nur, wenn Sie es so interessant wie möglich machen. Lassen Sie den Azubi denken und tun. Sprechen Sie seine Sinne an.

2.3 Die Präsentation einer Ausbildungssituation

Sie stellen den Prüfern Ihr Konzept für den Ablauf und die Gestaltung einer Ausbildungseinheit oder einer betrieblichen Ausbildungssituation vor. Im Falle einer Präsentation sind hier keine weiteren Auszubildenden mit dabei. Sondern Sie stellen in einem Vortrag (max. 15 Minuten) ihr Ausbildungsthema (Konzept, Ablauf und Gestaltung) vor. Sie sollten in jedem Fall hierzu geeignete Medien verwenden. Sprich, Sie müssen Ihr Thema visualisieren. Aber Achtung, es geht hier nicht darum, dass die Prüfer Ihre Auszubildenden sind, sondern Sie müssen Ihr Ausbildungskonzept vorstellen. Sie müssen also die Prüfer davon überzeugen, dass IHR Konzept in Bezug auf Methodik, Didaktik und Ablauf genau das Richtige ist, um die Ausbildungseinheit oder die betriebliche Ausbildungssituation in dieser Form zu vermitteln. Das heißt, ist Ihr Konzept praxistauglich.

An dieser Stelle ein Wort zu den geeigneten Medien: Wenn man Präsentation hört, denkt man sofort an eine PowerPoint Präsentation. Zum Darstellen der Ausbildungssituation eignen sich aber auch Whiteboard, Pinnwand und Flipchart sowie der Einsatz von Moderatorenkarten oder weitere mitgebrachte Materialien zu Veranschaulichung!

Falls Sie Ihr Notebook mitbringen, weil Sie Ihre Präsentation hierrüber halten möchten, fragen Sie bitte vorher bei der Kammer nach, ob der Raum einen Beamer hat und ob Sie evtl. Zugangsdaten benötigen. Sicherheitshalber drucken Sie Ihre Präsentation 3x aus, um diese den Prüfern aushändigen zu können. Bei einem meiner Prüflinge stieg das Notebook aus und er musste seine Präsentation ohne alle Medien halten. Das hat ihn völlig aus der Bahn geworfen. Sie müssen dazu jedoch zu jederzeit in der Lage sein – und dafür ist ein Plan B mit ausgedruckten Materialen eine gute Lösung.

2.3.1 Das Präsentations-Thema

Wählen Sie ein Thema, was in Ihrem Unternehmen tatsächlich so vorkommt. Überlegen Sie, was Ihr Fachgebiet ist. Und vor allem, in welchem Ausbildungsjahr sich Ihr Auszubildender befindet. Beschreiben Sie nämlich eingangs, dass er im 1. Ausbildungsjahr ist, können Sie kein Thema des Rahmenlehrplanes wählen, welches erst im 3. Ausbildungsjahr drankommt. Sie müssen sich also zwingend mit dem Rahmenlehrplan beschäftigen. Nutzen Sie diesen auch gerne als Entscheidungshilfe für die Auswahl Ihres Themas. (Das ist übrigens auch eine beliebte Frage in der mündlichen Prüfung. Was ist ein Rahmenlehrplan?) Und dann überlegen Sie: Wofür brennen Sie? Was können Sie voller Enthusiasmus rüberbringen? Wenn Sie Ihr Thema runterleiern, wird Ihnen niemand gern zuhören. Denken Sie nicht zu kompliziert. Je komplizierter, umso mehr können Sie sich verstricken und verhaspeln. Und ganz klar, Sie müssen die Präsentation üben. Nicht nur einmal, sondern mehrmals. Laden Sie Freunde, Bekannte und Familie ein und bitten Sie diese auch um Feedback. Und mit Feedback ist ehrlich und gerne auch etwas kritisches Feedback gemeint, denn es nützt Ihnen nicht viel, wenn Ihre Freunde und Bekannte Ihnen nur sagen wie toll Sie das machen und Sie am Ende über das Ergebnis der praktischen Prüfung enttäuscht sind. Wichtig ist: Sie müssen flüssig vortragen können, und dann schauen Sie bitte auf die Uhr. Denken Sie an die 12-15 Minuten.

2.3.2 Themenbeispiele einer Präsentation

- Erstellung eines Leitfadens über die Führung eines Beurteilungsgespräches
- Führen eines Beurteilungsgespräches mit dem Azubi
- Einführung von Auszubildenden in das Unternehmen (Gestaltung der Einführungstage)
- Implementieren eines neuen Berufsbildes in Ihr Unternehmen
- Kritikgespräch mit einem Azubi
- Erstellen eines betrieblichen Ausbildungsplanes
- Einweisung von Ausbildungsbeauftragten
- Darstellung der Vermittlung eines neuen Ausbildungsabschnittes (Erstellen eines formatierten Word-Briefes, Erstellen einer Excel-Tabelle mit Formeln, Anlegen einer Personalakte etc., Durchführen einer Sicherheitsunterweisung oder der UVV, Grundlagen der Telefonie, Grundlagen der Vakuum-Technik, Sicherheit und Gesundheitsschutz bei der Arbeit)

2.3.3 Ablauf Ihrer AEVO-Präsentation

Wecken Sie das Interesse der Prüfer und gewinnen Sie deren Aufmerksamkeit:

Eröffnung (ca. 3 Minuten)

- freundliche zugewandte Begrüßung, kurze Vorstellung Ihrer Person, Thema der Präsentation, fachlicher Hintergrund, Praxisbezug, Agenda, Mitteilung des Lernziels
- Wer ist Ihr Publikum? (Geschäftsführung, Personalleitung, Ausbildungsbeauftragte, Azubi)
  Beispiel: „Der Azubi ist im 1. Ausbildungsjahr und noch in der Probezeit. Er hat nur geringe Vorkenntnisse am Computer."
- Ausgangslage: Ort (wo, wann), Darstellung und/oder Abfrage von Vorkenntnissen zum Anknüpfen, Wissen des Azubis;
  Beispiel: „Die Unterweisung für das Erstellen eines formatierten Word-Briefes findet in meinem Büro statt. An der Tür befindet sich ein „Bitte-nicht-stören-Schild", das Telefon ist umgeleitet, damit keine Störungen von außen erfolgen können. In der letzten Unterweisung haben wir das Starten des PCs, das Aufrufen und das Abspeichern am richtigen Speicherort eines Wordsheets geübt."

Hauptteil (ca. 10 Minuten)

Denken Sie bei dem Halten Ihrer Präsentation, je nach gewähltem Thema, an:

- Erläuterung des methodisch-didaktischen Ablaufs der Unterweisung
- Pädagogische Prinzipien
- Motivation
- Führungsverhalten
- Methodenwahl
- Lernerfolgskontrolle

- Ausbildungsnachweis
- Ausblick

→ Wichtig: Verlieren Sie Ihren roten Faden nicht!

Schluss (ca. 2 Minuten)

- Zusammenfassen Ihrer wichtigsten Aussagen (evtl. Moderationskarten anpinnen)
- Freundliche zugewandte Verabschiedung, für die Aufmerksamkeit bedanken

2.3.4 Bewertungskriterien der Präsentation

Gesamteindruck

Verständlichkeit, Blickkontakt zum Publikum, Körpersprache (Mimik, Gestik, Sprachtempo, Auftreten)

Einleitung

Zielformulierung, Aufgabenstellung oder Analyse des Problems

Hauptteil

- Darstellung, sicherer Umgang mit den Medien, gibt es einen „roten Faden", ist eine Struktur zu erkennen
- Präsentationsinhalte, Themenvorstellung, Ausgangssituation, Zeiteinteilung
- methodische Überlegungen, berufs- und arbeitspädagogische Relevanz, Aufzeigen von Alternativen und Lösungen

Schluss

Zusammenfassung und Fazit

2.4 Die praktische Durchführung einer Ausbildungssituation

Wenn Sie sich für die praktische Durchführung einer Ausbildungssituation entschieden haben, denken Sie bitte daran, bei der zuständigen Stelle (IHK/HWK), wo Sie Ihre Prüfung ablegen möchten, nachzufragen, ob Sie Ihren Auszubildenden mitbringen dürfen. Es gibt zuständige Stellen, da „mimt oder spielt" ein Prüfer den Auszubildenden.

2.4.1 Das Thema der praktischen Durchführung (Unterweisung)

In der praktischen Durchführung stellen Sie eine reale Ausbildungssituation dar. Sie bringen Ihrem Azubi etwas bei. Auch hier haben Sie die Qual der Wahl. Welches Thema nehmen Sie am besten? Und wieder ganz klar die Antwort: Ein Thema aus dem Berufsbild des Azubis und ein Thema, welches Ihnen liegt.

2.4.2 Die Methodenwahl der praktischen Durchführung

Wenn Sie Ihr Thema gefunden haben, müssen Sie dazu die passende Ausbildungsmethode / Unterweisungsmethode wählen. Es gibt passive und aktive Methoden. Passiv heißt, der Azubi beschränkt sich auf Zuhören oder Zusehen. Die Methoden dazu sind z.B. Demonstration oder Vortrag/Kurzvortrag. Aktive Methode heißt, der Azubi ist selbst aktiv wie z.B. bei der (modifizierten) Vier-Stufen-Methode, dem Lehrgespräch, der Leittextmethode oder dem Rollenspiel.

Bei der Wahl der Methode, ist es wichtig, Ihr Ziel, welches Sie vermitteln wollen, nicht aus den Augen zu verlieren. Dazu stellen Sie sich folgende Fragen:

Welcher der drei Lernbereiche soll angesprochen werden?
- Kognitiv = das Wissen, Denken, Mitdenken
- Psychomotorisch = die Fertigkeiten, Bewegungen, das händische Tun
- Affektiv = innere Einstellung, Werte, Beziehungen

Welcher Schwierigkeitsgrad der Lernziele soll angesprochen werden?
- Richtlernziel = ist nur das Gebiet/der Bereich des Wissens
- Groblernziel = gibt Fertigkeiten und Kenntnisse an
- Feinlernziel = genaue Fähigkeiten und Fertigkeiten, die auch überprüfbar sind

Was genau soll vermittelt werden?
- Nur Grundkenntnisse oder schon
- konkrete Fähigkeiten und Fertigkeiten?

Können / sollen Schlüsselqualifikationen (Soft Skills) und / oder die Handlungskompetenz gefördert werden?
- **Schlüsselqualifikationen** = Teamfähig, gute Kommunikation, strukturiertes Arbeiten, Leistungsbereitschaft, Einfühlungsvermögen, Stressresistenz, Organisationsfähigkeit ...
- **Handlungskompetenz** = Fachkompetenz, Methodenkompetenz, Sozialkompetenz, Persönlichkeitskompetenz

Kann der Azubi in der Unterweisung schon selbstständig arbeiten und sind seine Kompetenzen ausgereizt?

Welcher Lerntyp ist mein Azubi?

- Visuell = sehen
- Auditiv = hören
- Verbal = sprechen
- Haptisch = anfassen
- Mischtypen = das sind die meisten Menschen

2.4.3 Themenbeispiele für die praktische Durchführung der Ausbildungssituation

- Kontrollieren/Buchen/Weiterleiten/Ablegen eines Lieferscheines und einer Rechnung
- Buchung von Lieferscheinen in einem Warenwirtschaftssystem
- Anlegen und Sortieren einer Personalakte
- Genaues Vermessen eines Werkstückes
- Falten von Plänen
- Auspreisen von Kleidungsstücken
- Gestaltung des Tischaufbaus/ Schaufensters
- Durchführung einer Inventur
- Aktualisierung einer Website
- Erstellung eines Angebotes
- Ausfüllen einer SEPA-Überweisung
- Buchungen im Warenausgang/Wareneingang
- Druckknopf annähen/ Briefecke nähen
- Nutzung eines Steckbretts in der Elektrotechnik
- Durchführung einer Eingangsuntersuchung bei Katzen

- Implementieren und Festlegen von Sicherheits-mechanismen
- Austausch eines Arbeitsspeichers am Notebook
- Führen eines Kundenberatungsgespräches
- Durchführen einer Namensänderung im Kunden Center

Wichtig: Denken Sie einfach daran, was Sie Ihrem Azubi beibringen möchten und denken Sie an die höchstens 15 Minuten, die die Unterweisung dauern darf. Machen Sie es nicht zu kompliziert.

2.4.4 Ablauf einer praktischen Durchführung einer Ausbildungssituation (Unterweisung)

1. Kontakt zum Azubi herstellen

- Im Vorfeld: Vorbereitung der Arbeitsmittel
- Begrüßung des Azubis
- Small Talk (z.B. wie war der Kinofilm, den Sie sich angesehen haben? Wie ist die letzte Klassenarbeit ausgefallen...)
- Bekanntgabe des zu vermittelnden Themas
- Erfahrungen des Azubis explizit ansprechen, evtl. Fragen zur letzten Unterweisung stellen, um kurze Zusammenfassung bitten (Vorkenntnisse ggf. kurz abfragen)
- Verknüpfung mit Vorkenntnissen/letzten Unterweisungen herstellen
- Erläutern, was der Azubi nach der Unterweisung können soll (Ziel der heutigen Unterweisung!)

2. Durchführung

- auf den Azubi eingehen, ihn abholen
- offene Fragen (W-Fragen) stellen
- Verständnis- und Kontrollfragen stellen
- Azubi von Anfang an ins Geschehen mit einbinden
- Azubi von Anfang an motivieren
- Azubi aktivieren
- Azubi mit eigenen Worten wiederholen lassen, was er/sie gerade tut
- Loben ist eine Form der Motivation, aber bitte gut dosiert (nicht für jeden einfachen Handgriff)
- Azubi immer passendes Feedback geben (auch Berichtigungen im passenden Maße)

- bei schwierigen (Teil-)Schritten nochmals Hilfestellung geben
- je nach Thema: UVV, Datenschutz, Hygienevorschriften, Gesundheitsschutz, Arbeitssicherheit etc. nicht vergessen

3. Abschluss

- Azubi zusammenfassen lassen
- wenn Sie ein Handout für den Azubi erstellt haben (das ist immer super), dann geben Sie ihm dieses mit
- dem Azubi noch etwas zum selbständigen Üben geben
  Wichtig hierbei: Nennen Sie dem Azubi die genau Übungszeit und Anzahl (siehe Beispiel unten)
- Hinweis auf das Führen des Ausbildungsnachweises
- Nächster Unterweisungstermin + Thema nennen

Beispiel: Hier gebe ich Dir noch 10 Rechnungen. Sei bitte so nett und bearbeite diese so wie wir es eben geübt haben. In einer Stunde komme ich dann zu Dir und wir schauen uns alles nochmal gemeinsam an. Wenn Du Fragen hast, komm bitte jederzeit zu mir. Ich bin an meinem Arbeitsplatz. Bitte trag die heutige Unterweisung auch in deinen Ausbildungsnachweis ein. Gern kannst Du das Handout zum Berichtsheft legen und bitte hefte es auch in deinen Ausbildungsordner. Wenn Du dich nach dem heutigen Tag sicher fühlst, dann gehört das Prüfen von Rechnungen ab morgen zu deinen Aufgaben in der Buchhaltung.

→ Informieren Sie den Azubi noch, wann und wo die nächste Unterweisung ist und welches Thema als Nächstes ansteht.

2.4.5 Bewertungskriterien der praktischen Durchführung einer Ausbildungssituation (Unterweisung)

Beginn
Begrüßung, Gesprächsatmosphäre herstellen, Thema und vor allem Lernziel benennen, Ablaufschilderung, Motivation, Vorkenntnissen und Erfahrungen abfragen

Durchführung
Eingehen auf Azubi, Fragetechniken, Gesprächsführung, Interaktion Ausbilder – Azubi, Auftreten, Kommunikation und Aktivierung sowie Motivation des Azubis, Struktur, sinnvolle Aufteilung, verständlich, Einsatz von unterschiedlichen Medien und didaktischen Prinzipien, korrekte Methodenwahl, berufs- und arbeitspädagogische Relevanz, Umgang mit unvorhergesehene Situationen

Abschluss
Lernzielkontrolle, Verständnis prüfen, Feedback, Ausblick auf nächste Unterweisung, Transfer zur Praxis, Ausbildungsnachweis, ggf. Zeiteinteilung im Gesamten

3. Die unterschiedlichen Unterweisungsmethoden

In diesem Abschnitt finden Sie Erläuterungen zu den einzelnen Methoden. Für die **praktische AEVO-Prüfung** eignen sich häufig die **(modifizierte) Vier-Stufen-Methode** sowie das **Lehrgespräch** (3.1 - 3.3). Natürlich kommt die passende Methodenwahl aber immer letztendlich auf Ihr gewähltes Thema drauf an.

Nicht selten driften viele Prüflinge ganz schnell in die weiter aufgelisteten Methoden (3.4 – 3.11) ab. Bei diesen Methoden hat der Ausbilder (also in diesem Falle Sie als Prüfling) den meisten Redeanteil und das macht sich nicht so gut für die Motivation Ihres Azubis im Rahmen der Prüfungssituation.

1. Vier – Stufen - Methode
2. modifizierte Vier – Stufen - Methode
3. Lehrgespräch
4. Demonstrationsmethode
5. Leittextmethode
6. Kurzvortag/Vortrag
7. Lernauftrag/Arbeitsauftrag
8. Rollenspiel
9. Fallmethode
10. Projektmethode
11. Planspiel

Hinweis: Natürlich ist es auch möglich oben aufgeführte Unterweisungsmethoden sinnvoll miteinander zu kombinieren (Methoden-Mix). Dies müssen Sie im Deckblatt/Konzept aufführen.

3.1 Vier-Stufen-Methode

Die vier Stufen sind:

1. **Vorbereiten und erklären (Thema)**:
   Begrüßung und Small Talk; Azubi wird vorbereitet; Lernziel vorstellen → Bedeutung für die Tätigkeit erörtern (Motivation und Sinnhaftigkeit der Aufgabe); Ermitteln des Kenntnisstandes des Azubis → Vorkenntnisse abfragen und verknüpfen; Material, Arbeitsmittel, Werkzeuge erklären; Hinweis auf Sicherheitsbestimmungen, Arbeitsvorschriften, Gesetze und Hygienevorschriften

2. **Vormachen und erklären (Arbeitsablauf):**
   Ausbilder teilt die zu erledigende Aufgabe in sinnvolle Einzelschritte; er erklärt die einzelnen Schritte und sagt auch, warum er was wie tut; er führt die gesamte Aufgabe durch oder sinnvolle Teilschritte

3. **Nachmachen und erklären lassen**:
   Azubi macht die Tätigkeit nach (gesamt oder entsprechende Teilschritte) und erklärt dabei eigenständig, warum er was wie tut; Aufgabe des Ausbilders hier: immer aufmerksam bei dem Azubi sein, direkt loben, wenn es gut erklärt und ausgeführt wird; direkt korrigieren, wenn ein Fehler gemacht wird und ggf. mit entsprechenden Hilfestellungen nochmals unterstützen

4. Vertiefen durch **<u>selbstständiges Üben und Lernerfolgs-kontrolle:</u>**
   Ausbilder gibt weitere Übungsaufgaben mit, die in einer bestimmten Zeit zu erledigen sind -weiter üben, bis es tatsächlich fehlerfrei und gefestigt ist; wichtig! Lernzielkontrolle durch Ausbilder am Ende + Feedback geben, Eintragung in den Ausbildungsnachweis/ Berichtsheft

Einsatz: vor allem im psychomotorischen Bereich/ handwerkliche Fertigkeiten

3.2 Modifizierte Vier-Stufen-Methode

Hier verschmelzen die Punkte 2 und 3 der Vier-Stufen-Methode. Das kann z.B. sein, dass der Ausbilder einen Schritt vormacht und der Azubi direkt mitmacht. Oder, dass der Ausbilder durch gezielte Fragen, das Handeln und Mitdenken des Azubis fördert und fordert.

Wichtig: Das gemeinsame Erarbeiten soll hier gefördert werden, um den Fokus auf den Azubi zu lenken und ihn aktiv in die Unterweisung miteinzubeziehen. Durch gezielte Fragetechniken wird er zum Handeln und Mitdenken aufgefordert.
Es werden entweder Teilschritte in einem kontinuierlichen Wechsel zwischen Vor-und Nachmachen oder durch gleichzeitiges paralleles Arbeiten vermittelt.

3.3 Lehrgespräch

Auch die fragend-entwickelnde Methode genannt, zur gemeinsamen und schrittweisen Erarbeitung eines Themas im Dialog.

Diese eignet sich besonders gut für eine reine Wissens-vermittlung, die den kognitiven Lernbereich anspricht. Der Ausbilder kann schnell Lerninhalte, Erarbeitung und Einführung eines Themas vermitteln. Ziel ist es den Azubi ständig aktiv am Lernprozess zu beteiligen und mit Hilfe von zielgerichteten Fragen Denk- und Erkenntnisprozesse bei dem Auszubildenden auszulösen. Weiterhin hat der Azubi die Möglichkeit eigene Ideen und/oder vorhandenes Wissen einzubringen

Voraussetzungen:

- Lerninhalt an den Wissensstand des Azubis anpassen – der Azubi MUSS hierbei bereits über Vorkenntnisse verfügen
- Das Gespräch muss von Seitens des Ausbilders gut vorbereitet sein (systematisch + roter Faden)
- Der Ausbilder muss verschiedene Fragetechniken sicher und gezielt einsetzen können
- Gespräch gerne mit Medien und Visualisierungen auflockern (Folien, Modelle, Werkzeuge, Flipchart, Whiteboard, etc.)
- Ausbilder muss Mimik, Gestik sowie sichere und einfache Ausdrucksweise beherrschen

Lehrgespräche erfolgen entweder in Form eines Gruppen-gespräches oder mit einem einzelnen Azubi und sind häufig Teil einer Ausbildungseinheit direkt am Arbeitsplatz.

Einsatz:

- Selbständiges Denken des Azubis soll gefördert werden
- Kommunikative Fähigkeit des Azubis soll gefördert werden
- Azubi soll Gesamtzusammenhänge erkennen
- Schließen von gezielten Wissenslücken
- Vermittlung bestimmter Wissensschwerpunkte (Vertiefung und Ergänzung)
- Eignet sich für schwierige Themen die vielschichtig und unübersichtlich sind und auf eine bestimmte Weise erschlossen werden sollen (Ausbilder leitet mit seinen Fragen in die richtige Richtung)
- Kognitiver Bereich/Wissensvermittlung

3.4 Demonstrationsmethode

Der Lerninhalt/Sachverhalt muss anschaulich und verständlich vom Ausbilder präsentiert/demonstriert werden. Die Medienauswahl ist hier besonders wichtig und sollte im Vorfeld sorgfältig ausgewählt werden! Dadurch soll das Thema möglichst anschaulich vermittelt werden, um so den Praxistransfer zu vereinfachen und den Lösungsweg besser nachvollziehen zu können. Der Ausbilder ist dem Azubi jederzeit zugewandt und beantwortet dessen Fragen. Der Azubi verfolgt die Demonstration genau; sie soll im Nachgang direkt von ihm nachgemacht und geübt werden.

Einsatz: Wenn ein sofortiger Praxistransfer erlangt werden und sich der Azubi den Vorgang gleich merken soll. Und wenn der Azubi durch die Demonstration des Sachverhaltes, ein Thema oder einen Lösungsweg besonders gut im Kopf behalten und sich einprägen kann.

3.5 Leittextmethode

Azubis sollen so angeleitet werden, dass sie so viel wie möglich selbständig lernen.

Die Azubis erhalten schriftliche Anleitungen in Form von Leittexten (z.B. Arbeitsblätter, Fragen, Aufgaben, Lern- und Arbeitsaufträge) mittels denen sie die Informationen / Lerninhalte der Tätigkeiten eigenständig erlernen soll. Mit Hilfe von Leitfragen werden die Auszubildende in die richtige Richtung gelenkt; die Erarbeitung der Inhalte aus dem Auftrag erfolgt dadurch eigenständig

Der Ausbilder fungiert als Fachberater und ist jederzeit Ansprechpartner; außerdem findet nach der Phase „Entscheiden" ein Fachgespräch mit dem Ausbilder statt, in dem zusammen die in den Phasen 1 +2 erarbeiteten Unterlagen besprochen sowie auf Umsetzbarkeit geprüft werden. Danach erfolgt die Durchführung wieder eigenständig durch die Azubis selbst.

An Hand eines Kontrollbogens/Kontrollfragen bewertet der Azubi sich und seine Arbeit im Nachgang selbst; das Gleiche tut der Ausbilder und beide besprechen gemeinsam die Auswertung

Die gesamten Handlungskompetenzen werden in dieser Methode besonders entwickelt und gestärkt. Daher eignet sie sich für alle Azubi mit unterschiedlichen Lernvoraussetzungen. Die Azubis bestimmen selbst, wie und mit wem sie zum Lernerfolg gelangen.

3.6 Kurzvortrag/Vortrag

Eine gute und logische Vorbereitung ist selbstverständlich. Stichpunktzettel, Medien und Anschauungsmaterial vorbereiten – auf eine gute Visualisierung achten. Nicht zu viel vermitteln wollen. Thema und Ziel vorstellen. Höchstens 15 Minuten.

Einsatz: Eignung bei Einführung in neue Arbeitsaufgaben, bei wichtigen Themen die keinen eigenen Interpretations- und Entfaltungsspielraum mit sich bringen wie z.B. Gefahrenunterweisung, UVV, Datenschutz, Betriebsgeheimnisse, Arbeitsschutz etc.

Azubis können auch Kurzvorträge im Rahmen einer Ausbildungsaufgabe und als Lernauftrag selbst halten – das Vorbereiten und Durchführen fördert das Lernen der Auszubildenden. Er muss sich mit dem Ziel (was soll erreicht werden?), dem Inhalt (was soll vermittelt werden?) und der Vorgehensweise (wie soll der Vortrag gestaltet werden?) auseinandersetzen. Der Ausbilder hat die entsprechenden Rahmenbedingungen hierfür zu schaffen (Lernauftrag erteilen, Material zur Verfügung stellen, Ansprechpartner sein und beratend zur Seite stehen).

3.7 Lernauftrag/Arbeitsauftrag

Mithilfe von Lernaufträgen soll sich der Auszubildende selbständig mit einer Praxissituation auseinandersetzen (orientiert sich an dem Modell der vollständigen Handlung). Hierbei werden betriebliche Tätigkeiten oder Aufträge zu Ausbildungseinheiten umgewandelt und so aufbereitet, dass Lernen und Arbeiten miteinander verknüpft wird.

Voraussetzung:

- Azubis muss bereits über entsprechende Vorkenntnisse verfügen
- Der Ausbilder muss sich den individuellen Leistungsstand/ Reife/ Potenzial des Azubis im Vorfeld bewusst machen und die Lernaufträge ggf. entsprechend didaktisch für den einzelnen Azubi abstimmen (Unter-/Überforderung soll vermieden werden) – (siehe auch didaktische Prinzipien/Grundsätze im Bereich Fachwissen von A - Z)
- Die Anleitung bzw. der Lernauftrag müssen vom Ausbilder gut und präzise vorbereitet sein,
- Die Rahmenbedingungen müssen für den Azubi klar sein, um eine selbstständige Bearbeitung zu ermöglichen.
- Ausbilder sollte jederzeit für Fragen des Azubis erreichbar sein.
- Lernaufträge werden i.d.R. schriftlich verfasst, damit sich der Azubi die einzelnen Schritte in Ruhe überlegen kann und im Nachgang seine Erarbeitungen nachschlagen und wieder anwenden kann

Einsatz: Förderung von Handlungsfähigkeiten (keine Grundfähigkeiten), Selbstständigkeit, Kreativität, Methodenkompetenz etc.

3.8 Rollenspiel

Mittels des Rollenspiels werden unterschiedliche Situationen in einem geschützten Rahmen und Umfeld geübt. Danach kann der Azubi das Geübte in der Praxis z.B. beim Kunden direkt anwenden.
Entweder kann der Ausbilder eine Rolle übernehmen, oder mehrere Azubis üben untereinander, sodass hierbei auch noch die Sozialkompetenzen durch die Vergabe von Feedback gefördert werden.

Ziel: Für kommende Praxissituationen vor allem die entsprechenden Handlungs- sowie Entscheidungsfähigkeiten zu entwickeln, Ängste abzubauen sowie Sicherheit und Routine zu erlangen. Weiterhin wird der Redefluss, die Kommunikation, das Umgehen mit plötzlich auftauchenden Problematiken geübt.

Wichtig: Die entsprechende Problemstellung sollte so lebensnah wie möglich gestaltet werden und die Rahmenbedingungen klar sein. Vorher sollten diese Gespräche in der Theorie erarbeitet werden, damit der Azubi weiß, worauf es in diesen Gesprächen ankommt (z.B. Fachwissen, Gesetze, Preise).

Einsatz: Sehr gut geeignet für das Üben von: Kundengesprächen, Telefonservice-Gesprächen, Reklamationsgesprächen, Mitarbeitergesprächen oder Verkaufsgesprächen usw. oder auch Gastronomie und medizinischer Bereich.

3.9 Fallmethode

In dieser Methode erhält der Azubi in der Regel einen betriebstypischen/ handlungsorientierten Fall, wie er auch im beruflichen Alltag auf den Azubi zukommen kann. Diesen soll er nun selbständig lösen; der Lösungsweg ist dabei offen. Ggf. wird die Lösung den anderen Azubis und/der dem Ausbilder präsentiert.

Voraussetzung:
Azubis müssen ihre bereits erlernten Fähigkeiten sowie vorhandenes Vorwissen gezielt anwenden.

3.10 Planspiel

Das Planspiel ist eine Variante der Fallmethode bei welcher die Azubi mit komplexen Aufgabenstellungen konfrontiert werden, die letztendlich die Realität jedoch lediglich „simulieren". Dabei erhält jeder Azubi eine bestimmte Rolle, in der er entsprechende betriebliche Funktionen verantwortet. Die Azubis entscheiden selbständig, diskutieren über Aktionen und Konsequenzen, handeln aber letztendlich ohne ein reales Risiko sowie reale Konsequenzen. Oftmals wird ein Planspiel computergestützt durchgeführt (Beispiel: Planspiel Börse).

3.11 Projektmethode

Es werden reale berufstypische Aufgabenstellungen meist von einer Gruppe von Azubis bearbeitet, die sie vom Ausbilder erhalten haben. Es handelt sich dabei oftmals um Aufgaben zur Verbesserung von Prozessen, Produktverbesserungen, Organisation von Veranstaltungen oder auch Azubi-Projekten etc.

Wichtig ist, dass sich die Azubis dabei selbstständig (in der Gruppe) organisieren. Der Ausbilder koordiniert und organisiert hierbei die Prozesse und fördert die Ausbildungs- und Lernsituation (ggf. werden in regelmäßigen Abständen „Azubi-Runden" eingeführt, bei denen Teilschritte oder bisher Erarbeitetes besprochen und ausgetauscht wird). Während des Projektverlauf ist der Ausbilder jederzeit Ansprechpartner und leitet selbständiges Lernen an.

Vorteil:

- Erwerb und Ausbau der eigenen Sozialkompetenzen
- Motivation der Auszubildenden
- Azubis werden fachübergreifend gefordert und lernen, sich mit anderen Gruppenmitgliedern auseinander zu setzen
- Kreativität und Selbstständigkeit werden gefördert

4. Das Konzept

4.1 Wie erstelle ich ein Konzept?

Das schriftliche Konzept zur Vorbereitung der Prüfer auf Ihr Fachgespräch ist in einigen IHKs nicht mehr Pflicht, aber es ist sehr hilfreich. Das Konzept darf nicht bewertet werden und ist auch nicht Bestandteil der abzulegenden Prüfung. Auch für Sie kann das Konzept eine Unterstützung sein: Es vertieft den Stoff und wenn Sie etwas schriftlich zu Papier bringen, fallen Ihnen Fehler und Ungereimtheiten eher auf. Gut ist auch, wenn Sie Ihr Konzept noch jemandem, vielleicht haben Sie einen Ausbilder im Bekanntenkreis oder bei Ihrer Arbeitsstelle, zum Korrekturlesen geben.

Das Konzept sollte ca. vier DIN A4 Seiten haben – ohne Anhänge. Unter Anhänge sollten Sie folgendes einbringen: In der Präsentation, die entsprechenden Folien und bei der Unterweisungsdurchführung z.B. Vorlagen oder Zeichnungen, die Sie verwenden oder das Handout, welches Sie an den „Azubi" aushändigen.

Das Konzept erstellen Sie in 4-facher Ausfertigung und händigen dieses direkt vor der Prüfung an die Prüfer aus. Ein Konzept geht in Ihre Prüfungsakte, die anderen erhalten Sie zurück.

4.1.1 … für die Präsentation

Name des Ausbilders und der Ausbildungsort (Ihr Name)

Wichtig: Ich bestätige, dass ich die Präsentation selbst erstellt habe.

Thema: Ziel, was soll der Azubi lernen.

Beschreibung der **Lernziele**: Richtlern-, Groblern- und Feinlernziel

Welche **Lernzielbereiche** werden in welcher Form angesprochen: kognitiv, affektiv, psychomotorisch

Beschreibung des **Azubis**: Schulabschluss, Ausbildungsjahr, Vorkenntnisse, Verhalten

Ausbildungsmittel: Medien, Werkzeuge, Materialien, Handout

Methodik und Didaktik: In welche Form und Reihenfolge des Ablaufes führen Sie die Lernschritte durch?

Motivation: Was für einen Nutzen hat der Lernschritt, wie ist er auf die Praxis zu übertragen?

Ablauf der **Durchführung**: Wieviel Zeit wird benötigt? (Inhalt, Methode, Medien)

Begründung der Methodik: Warum machen Sie das so, wie Sie es durchführen? Wie findet die Kontrolle statt?

4.1.2 ... für die praktische Unterweisung

Name des Ausbilders und der Ausbildungsort (Ihr Name)

Wichtig: Ich bestätige, dass ich das Konzept und die Unterweisung selbst erstellt habe.

Thema: Ziel, was soll der Azubi lernen.

Didaktische Überlegung: Welcher Azubi, welcher Ort? Zu welcher Uhrzeit und in welcher Dauer findet die Unterweisung statt? Welche Werkzeuge, PC, Unterlagen etc. werden benötigt?

Didaktische Analyse: Lernzielkategorien, Lernbereiche, Kompetenzen werden / sollen hier angesprochen werden.

Methodik: Welche Methode wählen Sie – (modifizierte) 4-Stufen-Methode, Lehrgespräch, Rollenspiel etc.

Lernerfolgskontrolle: Wie erfolgt diese? Mündlich, schriftlich, optisch?

4.2 Beispiel-Konzepte

Nachfolgend drei Beispiele einer möglichen Konzeptgestaltung, die Ihnen als Inspiration dienen sollen.

Unterweisungskonzept zur
Ausbildereignungsprüfung

Thema

Richtiges Falten, Kuvertieren und
Frankieren von Schriftstücken

Ihr Name

Ort, Datum

Inhaltsverzeichnis

1.1 Ausgangslage der Auszubildenden

Die Auszubildende ist 18 Jahre alt und befindet sich nach erfolgreicher Mittlerer Reife, im ersten Ausbildungsjahr der Berufsausbildung zur Immobilienkauffrau.

1.2 Fachliche Einordnung

Die Auszubildende wurde bereits vermehrt bei der Organisation der einzelnen Büroabläufe einbezogen und wurde zuletzt in das Scannen der verschiedenen Schriftstücke eingewiesen.

1.3 Ort der Unterweisung

Die Unterweisung findet im Büro des Ausbilders statt. Vor der Unterweisung wurden Störfaktoren, wie das Telefon umgestellt, an die Bürotür ein „Bitte nicht stören" angebracht und damit ausgeschlossen. Die Uhrzeit der Unterweisung wurde auf 10:00 Uhr gelegt, da laut Biorhythmus in dieser Zeit die Leistungskurve am höchsten ist.

2. Lernziele

2.1 Richtlernziel

Informations- und Kommunikationssysteme (§ 4 Abs. 1 Nr. 2.1a)

2.2 Groblernziel

Die eigene Arbeit in Geschäftsprozesse einordnen, systematisch und qualitätsbewusst planen, durchführen und kontrollieren.

2.3 Feinlernziel

Die Auszubildende soll nach der Unterweisung in der Lage sein, selbständig und fachlich korrekt, Schriftstücke richtig zu falten, zu kuvertieren und zu frankieren.

Kognitives Lernziel: Die Auszubildende lernt die Schriftstücke gleichmäßig, unter Einhaltung gewisser Abstände zu falten und den passenden Briefumschlag sowie das passende Briefporto auszuwählen.

Affektives Lernziel: Die Auszubildende soll beim Falten der Schriftstücke die Relevanz der gewissenhaften Durchführung und den daraus gewonnenen Nutzen des Empfängers vermittelt bekommen.

Psychomotorisches Lernziel: Der Umgang mit den Arbeitsmitteln und die Routine beim Falten und Einstecken soll durch Nachmachen und Üben von der Auszubildenden beherrscht werden.

3. Methodische Überlegung

3.1 Auswahl und Begründung der Methode

Als Lehrmethode verwende ich die modifizierte 4-Stufen-Methode mit integriertem Lehrgespräch zu Beginn, da meine Auszubildende bereits über einige Vorkenntnisse verfügt und ich diese über die fragend-entwickelnde Methode nochmals abfragen und festigen kann. Durch die besondere Art der modifizierten Vier-Stufen-Methode wird die Auszubildende aktiv in die Unterweisung mit einbezogen und zum Mitdenken aufgefordert. Des Weiteren begleitet der Ausbilder die Auszubildende im Lernprozess und lässt ihr ausreichend Raum für eigenes Handeln. Somit ermöglich diese Methode ein schrittweises gemeinsames Erarbeiten des angestrebten Feinlernziels.

3.2 Auswahl der Arbeitsmittel

Schriftstücke, Briefumschläge, Briefmarken, Briefwaage, Pinwand und Moderationskarten.

4. Verlaufsplanung

4.1 Unterweisung

1. Stufe: Vorbereitung und Motivierung

Es werden vorab sämtliche Arbeitsutensilien und Hilfsmittel von mir vorbereitet, bevor die Auszubildende zur Unterweisung eintrifft. Des Weiteren werden sämtliche Störfaktoren ausgeschlossen und durch Lüften für ein angenehmes Raumklima gesorgt. Wenn die Auszubildende eingetroffen ist, führe ich ein kurzes Aufwärmgespräch, um eine Wohlfühlatmosphäre herzustellen. Dann nenne ich das Lernziel der Unterweisung, um dadurch ihr Interesse zu wecken. Des Weiteren gebe ich ihr als Ziel der Unterweisung das künftig sämtliche Korrespondenz von ihr selbständig gefaltet, kuvertiert und frankiert werden. Das soll die Auszubildende motivieren.

2. + 3. Stufe: Vormachen, Nachmachen und Erklären (modifizierte 4-Stufen-Methode)

Zu Beginn der Unterweisung gehe ich mit der Auszubildenden an die Pinnwand. Hier sind unterschiedliche Kuverts und Versandtaschen angepinnt. Auf Moderationskarten habe ich im Vorfeld das Porto und die Fachbegriffe (C4, C5, etc.) geschrieben. Ich erkläre der Auszubildenden kurz die vorbereitete Pinnwand. Nun soll die Auszubildende mit Hilfe Ihres erworbenen Vorwissens das Porto entsprechend unter die Kuverts heften. Mit gezielten Fragestellungen unterstütze ich sie dabei. Danach kehre ich mit ihr zum Arbeitsplatz zurück. Sie bekommt ein Foto der Abbildung der Pinnwand für ihre Unterlagen. Am Arbeitsplatz erkläre ich ihr, wie man die Schriftstücke richtig faltet, den passenden Umschlag wählt und danach das richtige Porto ermittelt. Jede Faltmethode, jeder Briefumschlag und jedes Porto werden in einzelnen Teilabschnitten erläutert.

Die Auszubildende wiederholt nun das vorher Erklärte und Vorgemachte in Teilschritten, indem sie identische Schriftstücke erhält und diese passend faltet, kuvertiert und frankiert.

Beim Ausführen erklärt die Auszubildende die einzelnen Abschnitte. So erkenne ich als Ausbilder/in, ob das zuvor Vorgemachte und Erklärte von der Auszubildenden verstanden wurde. Ggf. kann hier von mir noch weitere Hilfestellung geleistet werden. Ich stelle ihr zwischendurch W-Fragen (offene Fragen), auf die sie mir in Sätzen antworten sollte.

4. Stufe: Übung und Lernkontrolle

Die Auszubildende wird nun zum Üben an den Arbeitsplatz geschickt. Hier liegen weitere Korrespondenzen, Briefumschläge, Briefmarken und die Briefwaage. Die Checkliste habe ich ihr mitgegeben, auf welcher die Umschläge und das Porto vermerkt sind. Die Auszubildende soll nun die Schriftstücke innerhalb von 30 Minuten richtig falten, kuvertieren und frankieren. Nach Ablauf der Zeit gehe ich zum Arbeitsplatz der Auszubildenden zurück und kontrolliere die von ihr ausgeführten Arbeiten. Während der Übungszeit kann die Auszubildende mich an meinem Arbeitsplatz antreffen, falls sie Hilfe benötigt oder weitere Fragen hat. Nach der Übung soll die Auszubildende das zuvor Gelernte in ihren Ausbildungsnachweis eintragen.

5. Weiteres Vorgehen

Ich nenne der Auszubildenden das Thema der nächsten Unterweisung: „Bearbeiten der Eingangspost". Die Auszubildende darf zukünftig das Erlernte selbständig bei der täglichen Ausgangspost anwenden.

6. Zeitvorgabe

10 – 15 Minuten

Achtung Anmerkung: Bitte heften Sie das Deckblatt der IHK, sowie die Checkliste und das Foto der Pinnwand mit den Kuverts und dem Porto an das Konzept an.

Unterweisungskonzept zur
Ausbildereignungsprüfung

Thema

Bewerbungsunterlagen sichten und den sachlich-richtigen Aufbau eines Anschreibens kennenlernen

Ausbildungsberuf

Industriekaufleute

Ihr Name

Ort, Datum

Inhaltsverzeichnis

1.1 Ausgangslage des Auszubildenden

Der Azubi ist 20 Jahre alt, hat den mittleren Bildungsabschluss und ist im Unternehmen und in der Berufsschule überdurchschnittlich gut. Er ist sehr interessiert, motiviert und erarbeitet sich einige Arbeitsabläufe eigenständig. Er ist ein auditiver Lerntyp, das bedeutet, er lernt überwiegend durch Hören und Sprechen.

1.2 Fachliche Einordnung

Der Azubi befindet sich seit einem Monat in der Personalabteilung und hat bereits im Bereich der Zeiterfassung und dem Anlegen von Personalakten umfangreiches Wissen erworben. Letzte Woche hat er den ordnungsgemäßen Aufbau einer Bewerbungsmappe kennengelernt. Heute soll der Azubi in einem Lehrgespräch den richtigen und sachlichen Aufbau eines Anschreibens vermittelt bekommen.

1.3 Ort der Unterweisung

Die Unterweisung findet im Büro des Ausbilders statt. Vor der Unterweisung wurden jegliche Störfaktoren ausgeschlossen. Das Telefon wurde umgestellt und an der Tür hängt das „Bitte nicht stören"-Schild. Die Unterweisungszeit ist um 10 Uhr, da dies die leistungsstärkste Lernphase ist.

2. Lernziele

2.1 Richtlernziel: § 4 Abs. 1 Nr. 7.2 Personaldienstleistungen

2.2 Groblernziel: Instrumente zur Personalbeschaffung und Personalauswahl anwenden

2.3 Feinlernziel: Der Azubi soll nach der Unterweisung selbständig und fachlich korrekt die Bewerbungsunterlagen sichten bzw. ein Anschreiben analysieren können.

3. Methodische Überlegung

3.1 Auswahl und Begründung der Methode

Es wurde das Lehrgespräch gewählt, da kaufmännische Tätigkeiten dafür gut geeignet sind. Der Azubi ist ein auditiver Lerntyp, auch deshalb bietet sich das Lehrgespräch an. Er kann in dem Lehrgespräch eigene Erfahrungen und Vorkenntnisse einbringen, da er in der Personalabteilung bereits einige Bewerbungen beim Anlegen von Personalakten gesehen hat. Außerdem hat er selbst einige Bewerbungen geschrieben. Weiterhin kann der Azubi aktiv mitarbeiten.

3.2 Einsatz von Ausbildungsmitteln

Bewerbungsmappen, Musteranschreiben, Textmarker und Checkliste

4. Verlaufsplanung

4.1 Lehrgespräch

1. Einstieg – 5 Minuten

Begrüßung und Einstiegsgespräch, um eine lockere Atmosphäre herzustellen. Überblick über das Thema sowie das Lernziel nennen und an das Vorwissen des Azubis anknüpfen.

2. Inhalt – 5 Minuten

Durch zielgerichtetes Stellen von W-Fragen (offene Fragen), erarbeitet sich der Azubi den Stoff zum großen Teil selbständig. Ich, als Ausbilder, gebe, wenn nötig Hilfestellung sowie Erklärungen. Ich lobe und motiviere dadurch.

3. Abschluss – 5 Minuten

Der Azubi fass die zentralen Punkte zusammen und kontrolliert ein weiteres Anschreiben auf sachliche Korrektheit mit Hilfe der zur Verfügung gestellten Checkliste.
Aufgabenstellung: ein eigenes Bewerbungsanschreiben verfassen, welches bei dem nächsten Treffen in einer Woche kontrolliert wird.

5. Weiteres Vorgehen

Bedanken für die Mitarbeit. Ausblick auf das kommende Treffen mit Thema. Aufforderung das Lehrgespräch in den Ausbildungsnachweis zu schreiben und die Checkliste mit abzuheften.

6. Zeitvorgabe

15 Minuten

Achtung Anmerkung: Bitte heften Sie das Deckblatt der IHK, sowie die Checkliste an das Konzept an.

Unterweisungsentwurf zur Ausbildereignungsprüfung

am

Ort, Datum

Thema

Flexible Anwendung des Digitalmessschiebers

Ausbildungsberuf

Industriemechaniker

Ihr Name

Inhaltsverzeichnis

1.1 Ausgangslage der Auszubildenden

Der Azubi ist 18 Jahre alt, hat den Realschulabschluss und ist am Anfang des zweiten Ausbildungsjahres zum Industriemechaniker. Er ist sehr aufgeschlossen, kommunikativ und handwerklich sehr begabt. Er ist ein motorischer Lerntyp.

1.2 Fachliche Einordnung

In seiner Ausbildung begreift er neue Zusammenhänge und Themengebiete schnell. Er zeigt sich sehr engagiert, hilfsbereit und arbeitet gut mit seinen Kollegen im Team zusammen.

1.3 Ort der Unterweisung

Die Unterweisung findet in einem speziellen Messraum statt, da hier ohne Störungen und unter idealen Bedingungen die Inhalte der Lernziele vermittelt werden können. Die Unterweisung findet um 09:30 Uhr statt, da hier aufgrund der natürlichen Leistungskurve die Aufnahmefähigkeit am besten ist

2. Lernziele

2.1 Richtlernziel: § 7 Abs. 1 Nr. 7 Planen und Organisieren der Arbeit, bewerten der Arbeitsergebnisse in der Ausbildungsordnung Industriemechaniker.

2.2 Groblernziel: Kenntnisse im Rahmen der betrieblichen und rechtlichen Vorgaben um Prüfverfahren und Prüfmittel auszuwählen und anzuwenden. Einsatzfähigkeit von Prüfmitteln feststellen.

2.3 Feinlernziel: Der Azubi soll nach der Unterweisung in der Lage sein, selbständig und fachlich korrekt mit einem Digitalmessschieber umzugehen.

3. Methodische Überlegung

3.1 Auswahl und Begründung der Methode

Es wurde die 4-Stufen-Methode gewählt, da sich diese besonders gut für praktische Unterweisungen eignet. Fähigkeiten und die Feinmotorik können optimal vermittelt werden. Durch W-Fragen (offene Fragen) wird der Lerninhalt vertieft und der Azubi aktiv motiviert.

3.2 Einsatz von Ausbildungsmitteln

Digitalmessschieber, zu prüfende Fertigteile, Zeichnungen, Protokollblatt, Reinigungstuch, Checkliste

4. Verlaufsplanung

4.1 Unterweisung 4-Stufen-Methode

1. Stufe: Vorbereitung und Motivierung

Durch eine freundliche Begrüßung und durch Anerkennung der bisherigen Leistungen, wird eine Wohlfühl-Atmosphäre hergestellt. Es wird an die vorherige Unterweisung angeknüpft (Messen mit dem Rollmaßband und dem Stahlmaßstab). Das Ziel der heutigen Unterweisung „Flexible Anwendung des Digitalmessschiebers" wird genannt. Durch offene Fragen wird das Interesse geweckt und der Azubi motiviert.

2. Stufe: Vormachen und Erklären

Der Azubi wird darauf hingewiesen, dass auf Sauberkeit zu achten ist (Reinigungstuch) und, dass beim Zusammenschieben der Messschenkel die Digitalanzeige auf 0 stehen oder im geschlossenen Zustand auf 0 kalibriert werden muss. Die Messschenkel möglichst weit über das Werkstück führen und zusammenschieben. Dabei auf Rechtwinkligkeit achten und Verkippen vermeiden. Wiederholt messen, damit das Ergebnis eindeutig ist oder verbessert wird. Eintragen ins Protokollblatt. Wichtig: 20°C Umgebungs- und Bauteiletemperatur sind ideal für Messungen.

3. Stufe: Nachmachen und Erklären

Der Azubi wiederholt die einzelnen Schritte und erklärt dabei. Durch W-Fragen des Ausbilders wird das Thema vertieft.

4. Stufe: Übung und Lernkontrolle

Der Azubi erhält 25 weitere Werkstücke, die er innerhalb von 60 Minuten im Messraum selbständig messen und ins Protokollblatt eintragen kann. Damit vertieft er seine neu erlernten Fähigkeiten. Der Ausbilder bleibt in der Nähe, um für Fragen und Hilfestellungen zur Verfügung zu stehen. Nach der vereinbarten Zeit werden die Werkstücke und das Protokollblatt kontrolliert.

5. Weiteres Vorgehen

Abschließend beim Azubi bedanken, loben (Motivationsschub) und ihm mitteilen, dass er in den nächsten zwei Wochen alle Werkstücke des Teams vermessen und ins Protokollblatt eintragen wird. Aussicht auf die nächste Unterweisung (Messen mit der Bügelmessschraube) und daran erinnern, dass die Unterweisung in den Ausbildungsnachweis eingetragen werden soll, mit einer Kopie des Protokollblattes und der bebilderten Checkliste.

6. Zeitvorgabe

15 Minuten

Achtung Anmerkung: Bitte heften Sie das Deckblatt der IHK, sowie die bebilderte Checkliste und das Protokollblatt an das Konzept an.

5. Das Deckblatt/Merkblatt für die Prüfer

Was Sie auf jeden Fall erstellen sollten, ist ein Deckblatt in DIN A4 für Ihre Prüfung: **ausgefülltes Beispiel hier KfB**

Ausbilder-Eignungsprüfung (AEVO)

Deckblatt zum praktischen Prüfungsteil

Name ______________________________

Prüflingsnummer ______________________________

Geburtsdatum ______________________________

( ) Präsentation einer Ausbildungssituation

(X) Praktische Durchführung einer Ausbildungssituation (Unterweisung)

Dauer max. 30 Minuten (15 Min. Präsentation oder Unterweisung, 15 Min. Fachgespräch

Thema (gut: Bezug zum Ausbildungsrahmenplan)	§ 4 Absatz 3 Nr. 6.1 / b Personalsachbearbeitung Personalakten führen
Ausbildungsberuf (was lernt Ihr Azubi bei Ihnen)	Kaufleute für Büromanagement
Zielgruppe (Welches Ausbildungsjahr/Monat; Ausbildungsstand, Vorkenntnisse)	Mitte 3. Ausbildungsjahr Kenntnisse Datenschutz
Methode / Methodenmix (wird weiter unten beschrieben)	Modifizierte 4-Stufen-Methode
Ausbildungsmittel / Medien (was benötigen Sie für die praktische Prüfung: Werkzeuge, Hilfsmittel, Pinnwand, etc.)	Personalakten, Handout

Ich erkläre, dass ich die Präsentation/Unterweisung und die Durchführung selbstständig erarbeitet habe. Ich bestätige dies mit meiner Unterschrift.

____________________ ____________________

Ort, Datum Unterschrift

Beispiel Blanko Deckblatt/Merkblatt

Ausbilder-Eignungsprüfung (AEVO)

Deckblatt zum praktischen Prüfungsteil

Name ______________________________

Prüflingsnummer ______________________________

Geburtsdatum ______________________________

☐ Präsentation einer Ausbildungssituation
☐ Praktische Durchführung einer Ausbildungssituation (Unterweisung)

Dauer: max. 30 Minuten (15 Min. Präsentation oder Unterweisung; 15 Min. Fachgespräch)

Thema der Ausbildungssituation (ggf. Bezug zum Ausbildungsrahmenplan)	
Ausbildungsberuf	
Zielgruppe (Ausbildungsstand, Vorkenntnisse, Anzahl der Azubis, usw.)	
Methode/Methodenmix (z. B. 4-Stufen-Methode, Lehrgespräche, Kombination aus Brainstorming und Lehrgespräche, usw.)	
Ausbildungsmittel/Medien (benötigte Werkzeuge, Hilfsmittel, usw.; Medien: Whiteboard, Flipchart, Pinwand, usw.)	

Ich erkläre, dass ich sowohl die Präsentation, als auch die Durchführung selbstständig erarbeitet habe. Mir ist bekannt, dass dieses Konzept auf freiwilliger Basis erstellt wurde. Darüber hinaus ist mir bekannt, dass das Konzept nicht in die Bewertung (Benotung) einfließt und auch nicht Bestandteil der Prüflingsunterlagen ist. Ich habe diese Erklärung gelesen, verstanden und bestätige sie mit meiner Unterschrift.

______________________________ ....

Ort, Datum Unterschrift des Prüfungsteilnehmers

6. Das Fachgespräch - Fachwissen von A-Z

Anbei eine Zusammenstellung von Themen, die insbesondere für das Fachgespräch wichtig sein könnten. Es besteht kein Anspruch auf Vollständigkeit - stattdessen sollen die Themen als Inspiration und Lernhilfe, sowie als Nachschlagewerk und Repetitorium dienen.

AGG

Allgemeines Gleichbehandlungsgesetz = Gesetz, das den Schutz vor Diskriminierung aus rassistischen Gründen oder wegen der ethnischen Herkunft, des Geschlechts, der Religion, der Weltanschauung, einer Behinderung, des Alters oder der sexuellen Identität umfassend regelt.

Arbeitsplatzgestaltung

Regelung der objektiven Arbeitsbedingungen für ein optimales Zusammenwirken der menschlichen Arbeitsleistung mit Betriebsmitteln und Werkstoffen durch eine räumliche und zeitliche Anordnung, die sich an den menschlichen Fähigkeiten und Bedürfnissen orientiert, die von der **Ergonomie** untersucht werden.

Arbeitssicherheit

Über das Thema Ausbildung hinaus die im Arbeitsschutzgesetz geregelte Verpflichtung von Unternehmen, Gefahren für die Gesundheit ihrer Arbeitnehmer zu beseitigen oder zu minimieren. Dazu gehören viele auf dieser Rechtsgrundlage in verschiedenen Verordnungen geregelte Anforderungen an die Gestaltung der Arbeitsplätze, z.B. Betriebssicherheitsverordnung, Bildschirmarbeitsverordnung, Gefahrstoffverordnung.

Arbeitsvertrag
Sonderform des Dienstleistungsvertrages, § 611 BGB; unselbstständige, weisungsabhängige Dienstleistung gegen Entgelt. Formfrei, aber wesentliche Vertragsbedingungen müssen dem Arbeitnehmer schriftlich innerhalb eines Monats nach Beginn ausgehändigt werden lt. Nachweisgesetz.
Pflichten Arbeitnehmer :
Pflicht zur Arbeitsleistung (in Person); Treuepflicht, § 242 BGB (Verschwiegenheitspflicht, Wahrnehmung berechtigter Interessen des Betriebes, keine unerlaubte Nebentätigkeit, Wettbewerbsverbot etc.); Haftung des AN (innerbetrieblicher Schadensausgleich).
Pflichten Arbeitgeber :
Beschäftigungspflicht; Entgeltzahlungspflicht (Hauptleistungspflicht); Entgeltzahlung ohne Arbeitsleistung (Feiertag; Urlaub; Krankheit, Berufsschulbesuch); Arbeitsausfall aus Risiko AG (Stromausfall); Annahmeverzug AG; unverschuldete Arbeitsverhinderung für kurze Zeit); Fürsorgepflicht.

Arbeitszeitgesetz
Regelungen des Arbeitsschutzes durch Begrenzung der täglichen Arbeitszeit und Festlegung von Mindestruhezeiten. Nachtschicht = mehr als 2 Stunden zwischen 23 und 6 Uhr; max. 8 Std. tägliche Arbeitszeit (= 48 Std./Woche, da der Samstag als Werktag gilt); max. 10 Std., bei durchschnittlich max. 8 Std./Tag in den letzten 6 Monaten; keine Sonn- und Feiertagsarbeit (bei Ausnahme immer Ersatzruhetag). Überstunden bei betrieblicher Notwendigkeit auf Anweisung bis max. 10 Std./Tag (darüber nur im Notfall).

Ausbilder
Ist derjenige, der der zuständigen Stelle (Kammer) als persönlich und fachlich geeignete Person gemeldet ist und die Ausbildungsinhalte unmittelbar, verantwortlich und in wesentlichem Umfang vermittelt (§ 28 Abs. 2 BBiG).
Es gelten die folgenden speziellen Anforderungen:
Persönliche Eignung (§29 BBiG + §25 JArbSchG): setzt „Unbescholtenheit" voraus. Keine Eignung z.B. bei früheren wiederholten oder schweren Verstößen gegen das BBiG und bei Verbot der Beschäftigung von Kindern und Jugendlichen.
Fachliche Eignung (§30 BBiG): Nachweis der erforderlichen Fertigkeiten, Kenntnisse und Fähigkeiten durch eine entsprechende Abschlussprüfung.
Berufs- und arbeitspädagogische Eignung (§30 BBiG); nachgewiesene methodische Kompetenz zum Planen, Durchführen und Kontrollieren der Ausbildung. – Anforderungen in §3 Ausbilder-Eignungsverordnung.

Ausbilder -Aufgaben/Anforderungen Beispiele:
- Schaffen lernfördernder Bedingungen
- Herstellen einer motivierenden Lernkultur
- Organisation und Gestaltung der Probezeit
- Entwicklung betrieblicher Übungsaufgaben
- Auswahl und Einsatz geeigneter Methoden
- individuelle Unterstützung bei Lernproblemen
- Förderung auch der sozialen und persönlichen Entwicklung der Auszubildenden (Bereitschaft und die Fähigkeit zur Zusammenarbeit im Team, Kreativität, Verantwortungsbewusstsein, Mitgestaltungsbereitschaft und Identifikation mit dem Unternehmen
- Bewertung von Leistungen
- Lernberater
- Vorbildfunktion

- hat eine Fürsorgepflicht dem Azubi gegenüber (auch über das betriebliche Geschehen hinaus)
- ist verantwortlich für die Qualifikation der Fachkräfte von morgen

Ausbildender

- Ausbildender ist derjenige, der einen anderen zum Zwecke der Berufsausbildung einstellt (natürliche Person sein, z.B. in Person des Einzelunternehmers, oder eine juristische Person, z.B. eine GmbH)
- Ist die Person, die den Ausbildungsvertrag abschließt.
- Kann die Person selbst nicht ausbilden, so hat sie einen Ausbilder zu bestellen, der die Ausbildungsinhalte in der Ausbildungsstätte unmittelbar, verantwortlich und in wesentlichem Umfang vermittelt. Er überträgt damit seine Aufgaben und Pflichten auf den Ausbilder.
- Ausbildende müssen persönlich geeignet sein, aber nicht zwingend fachlich (dann muss Ausbilder dafür bestellt werden)
- Der Ausbildende hat den verantwortlichen Ausbilder der zuständigen Stelle (IHK) zu melden (Ausbilderkarte).

Ausbildung

Erste Vermittlung von Kenntnissen und Fähigkeiten entsprechend der jeweiligen Ausbildungsordnung an Auszubildende. Ausbildung findet in Deutschland i.d.R. im dualen System statt. Ausnahme: Schulische Ausbildungen.

Ausbildung – Zweck/Nutzen für das Unternehmen

Image; Ausbildung von Nachwuchskräften; Ersatz von Mitarbeiten, die bald in Ruhestand gehen, Ersatz bei Fluktuation.

Ausbildungsbeauftragte/Fachkraft
Fachkräfte, die unter der Verantwortung des Ausbilders in ihrem jeweiligen speziellen Fachbereich Fertigkeiten und Kenntnisse an die Auszubildenden vermitteln. Voraussetzung ist die persönliche Eignung wie beim Ausbilder.

Ausbildungsdauer
Die Ausbildungszeit; kann bei berechtigtem Interesse auch in Form einer Teilzeitausbildung erfolgen (§ 8 BBiG). Verkürzungsmöglichkeit besteht bei einem höheren Bildungsabschluss. Die Verkürzung muss durch gemeinsamen Antrag von Ausbildendem und Auszubildendem bei der zuständigen Stelle beantragt werden.

Ausbildungsnachweis/Berichtsheft
das Führen ist die Pflicht des Azubis nach § 13 BBiG. Eintragen von betrieblichen Tätigkeiten, Unterweisungen, Lehrgespräche, Themen des Berufsschulunterrichtes etc. Berichtshefte sind u.a. im Buchhandel erhältlich, können aber auch vom Unternehmen ausgegeben oder auch elektronisch geführt werden. Erfolgt während der Ausbildungs-/Arbeitszeit (§ 14 (2) BBiG), kann auf Wunsch des Azubi auch außerhalb der Ausbildungszeit geführt werden; täglich oder wöchentliche Eintragungen; muss vom Ausbilder geprüft und unterschrieben werden, Azubi muss auch unterschreiben sowie ggf. die Eltern bei Minderjährigen; ein vollständiges Berichtsheft ist Voraussetzung zur Zulassung zur Abschlussprüfung.

Ausbildungsordnung (AO)
Nach Berufsbildungsgesetz erforderliche Grundlage für jeden Ausbildungsberuf, die von einem Bundesministerium als Rechtsverordnung (auf Bundesebene) erlassen wird und in der festgelegt wird:
- Bezeichnung des Ausbildungsberufs;

- Ausbildungsdauer;
- Fertigkeiten und Kenntnisse, die Gegenstand der Berufsausbildung sind (Ausbildungsberufsbild);
- Ausbildungsrahmenplan als Anleitung zur sachlichen und zeitlichen Gliederung der Ausbildung;
- Prüfungsanforderungen.

Die AO legt die bundeseinheitlichen Standards für die betriebliche Ausbildung im Rahmen der dualen Berufsausbildungen fest.

Ausbildungsplan (betrieblich)

Umsetzung des Ausbildungsrahmenplans gemäß Ausbildungsordnung in eine konkrete betriebliche Ablaufplanung, die auch Abfolge und Anforderungen der Prüfungen berücksichtigt.

Ausbildungsrahmenplan

Ist die sachliche und zeitliche Gliederung der Ausbildung; hier sind die Richt- und Groblernziele enthalten; im Abschnitt A die sachliche Gliederung; im Abschnitt B die zeitliche Gliederung. Der Ausbildungsrahmenplan enthält die entsprechenden Fertigkeiten und Kenntnisse, die innerhalb der betrieblichen Ausbildung mindestens vermittelt werden müssen (niemals dürfen Inhalte daraus weggelassen werden). Der Ausbildungsrahmenplan ist fester Bestandteil einer jeden Ausbildungsordnung.

Ausbildungssuche

Wie finden Sie geeignete Azubi? Werbung an Schulen (Genehmigung der Schule erforderlich), Aushang im Betrieb (Anwerben von Mitarbeiterkindern); Soziale Netzwerke; Ausbildungsbörsen

Ausbildungsvertrag
Immer schriftlich; Berufsausbildungsvertrag zwischen dem Ausbildungsbetrieb und dem Auszubildenden; Basis für den Eintrag in das Verzeichnis der Berufsausbildungsverhältnisse bei der zuständigen IHK, deshalb muss der Vertag auch zur IHK eingeschickt werden.

Ausbildungsvertrag (Mindestinhalte)
Ausbildungsberuf, Beginn und Dauer der Ausbildung, Name des Ausbildungsbetriebes, Name des Azubis, Probezeit (1-4 Monate), tägliche und wöchentliche Arbeitszeit, Vergütung, Ausbildungsort, Urlaubsanspruch einzeln nach Ausbildungsjahren, Kündigungsmöglichkeit, Ausbildungsplan, Betriebsvereinbarungen, bei Minderjährigen mit Unterschrift der Erziehungsberechtigten, Datum Beginn und Ende der Ausbildung, evtl. Verkürzung, Kooperationen mit anderen Betrieben; sonstige Vereinbarungen, tarifliche Bestimmungen.

Außerbetriebliche Ausbildung
Überwiegend öffentlich (staatlich) finanzierte Berufsausbildung, geregelt im Sozialgesetzbuch, zum Ausgleich von bestimmten Benachteiligungen Jugendlicher; kann im Zusammenwirken von speziellen, von der Agentur für Arbeit beauftragten Bildungsträgern für den theoretischen und in Ausbildungsbetrieben für den praktischen Teil erfolgen. Eventuell auch Eingliederung entsprechender Einrichtungen („Lehrwerkstätten“) innerhalb dieser Bildungsträger.

Auszubildender/Azubi
Ist derjenige, der zum Zwecke der Berufsausbildung eingestellt wird.

BBiG
Berufsbildungsgesetz; dieses regelt in Deutschland die betriebliche Berufsausbildung im dualen System, deren Vorbereitung sowie die berufliche Umschulung; es legt die Voraussetzungen des Berufsausbildungsverhältnisses fest.

Berichtsheft
siehe Ausbildungsnachweis

Berufsausbildung
Duales System der Kombination aus schulischer, überwiegend theoretischer und betrieblicher, überwiegend praktischer Ausbildung. - Ziele: Erwerb von Fachkenntnissen; Aneignung praktischer Fertigkeiten; Sammeln von (Berufs-)Erfahrung; Verbesserung der Allgemeinbildung; Entwicklung der persönlichen und sozialen Kompetenzen; Erlangung anerkannter Abschlüsse.

Betriebliche Eignung/Eignung der Ausbildungsstätte prüfen (§27 BBiG)

- Art der Ausbildungsstätte: Es müssen alle Fertigkeiten, Fähigkeiten und Kenntnisse vermittelt werden können, die die Ausbildungsordnung vorschreibt.
- Einrichtung der Ausbildungsstätte: Es müssen Räume, Maschinen und Geräte vorhanden sein, die eine Ausbildung nach dem entsprechenden Ausbildungsrahmenplan zulassen. Der Betrieb muss hinsichtlich der Größe, der Organisation und des Betriebsablaufes eine Berufsausbildung ermöglichen. Zahl der Ausbildungsplätze: Die Zahl der Ausbildungsplätze soll in einem angemessenen Verhältnis zur Zahl der Auszubildenden stehen. Zahl der Fachkräfte: Die Zahl der Auszubildenden soll in einem angemessenen Verhältnis zur Zahl der Fachkräfte stehen.

- Zahl der Ausbilder: Nach der Empfehlung des Bundesinstituts für Berufsbildung gilt folgendes Verhältnis als angemessen: 1 nebenberuflicher Ausbilder = nicht mehr als 3 Auszubildende und 1 hauptberuflicher Ausbilder = nicht mehr als 16 Auszubildende.

Betriebsklima

Die „Stimmung" im Unternehmen bzw. zwischen den dort Beschäftigten. **Einflussfaktoren:**

- Führungsstil
- Umgangston
- Zusammengehörigkeitsgefühl
- Informationspolitik
- Gefühl von Wertschätzung
- Unternehmensimage.

Betriebsrat

Interessenvertretung der Arbeitnehmer. Rechtliche Grundlage: Betriebsverfassungsgesetz (BetrVG).

Voraussetzung (§ 1 BetrVG): fünf ständig wahlberechtigte Arbeitnehmer, davon drei wählbar. Aktives Wahlrecht (Wahlberechtigung, § 7 BetrVG): Arbeitnehmer ab 18. Jahre; Passives Wahlrecht (Wählbar, § 8 BetrVG): Arbeitnehmer ab 18. Jahre und mindestens 6 Monate im Betrieb. Wahl alle 4 Jahre.

Aufgaben: Allgemein, § 80 BetrVG: Überwachung und Einhaltung von Bestimmungen, Entgegennahme von Beschwerden der Arbeitnehmer, Verhandlungen mit dem Arbeitgeber, Beantragung von Maßnahmen für die Arbeitnehmer, Unterstützung schutzbedürftiger Arbeitnehmer, Abschluss Betriebsvereinbarungen.

Mitbestimmungsbereiche: Soziale Angelegenheiten, §§ 87 ff BetrVG; Arbeitsplatzgestaltung, §§ 90,91 BetrVG; Personelle

Angelegenheiten, §§ 92 ff BetrVG; Wirtschaftliche Angelegenheiten, §§ 106 ff BetrVG.

Mitwirkungsrechte: Mitbestimmungsrecht = Arbeitgeber kann nur mit der Zustimmung des Betriebsrates Entscheidungen treffen (stärkster Eingriff), bei fehlender Einigung, Ersetzung durch Entscheidung der Einigungsstelle. Eingeschränkte Mitbestimmungsrechte = wie Mitbestimmungsrecht, ABER Betriebsrat darf Zustimmung nur ausnahmsweise verweigern (Widerspruchsrecht). Mitwirkungsrecht = der Betriebsrat ist zu beteiligen, Einwendungen sind ohne Belang (Unterrichtung, Beratung, Vorschlag, Anhörung).

Kündigungsschutz: von Wahlaufstellung bis Ende Amtszeit: Kündigung nur aus wichtigem Grund, § 15 KSchG; Zustimmung Betriebsrat erforderlich, § 103 BetrVG; ab Ende Amtszeit bis ein Jahr nach Abberufung: Kündigung nur aus wichtigem Grund, § 15 KSchG; nur Anhörung Betriebsrat erforderlich, § 102 BetrVG.

Betriebsvereinbarung

Vereinbarung zwischen Arbeitgeber und Betriebsrat. Abweichung von Tarif nur bei Öffnungsklausel, allgemeinverbindlich für alle Arbeitnehmer des Betriebes.

Betriebsverfassungsgesetz

Regelt die Errichtung, Aufgaben und Rechte des Betriebsrats.

Beurteilungsfehler

- **Übernahmefehler** = Wiederholung einer früheren Beurteilung unter Verkennung eingetretener Änderungen;
- **Halo-Effekt** = Rückschluss von bekannten Eigenschaften / Verhaltensweisen auf unbekannte;
- **Hierarchieeffekt** = tendenziell bessere Beurteilung bei höherer Stellung;

- **Primacy-Effekt** = stärkere Gewichtung der ersten Eindrücke;
- **Recency- (Nikolaus-)Effekt** = stärkere Gewichtung jüngerer Ereignisse;
- **Andorra-Phänomen** = Anpassung des Verhaltens an Erwartungen / Vorurteile der Umwelt, damit Selbsterfüllung der Beurteilung;
- **Pygmalion-Phänomen** = Anpassung des Verhaltens an Erwartungen, Vorurteile des Vorgesetzten;
- **Kontrastfehler** = unbewusste Verfälschung des Urteils durch Vergleich mit anderem Mitarbeiter oder eigenem Verhalten;
- **Projektions- (Ähnlichkeits-)fehler** = Übertragen von Eigenschaften oder Problemen auf den zu Beurteilenden;
- **Tendenzfehler** = entweder aus der persönlichen Einstellung des Beurteilenden oder Verwendung eines falschen Maßstabs resultierende Verzerrung in eine Richtung („Tendenz zur Milde“ bzw. „Tendenz zur Strenge“) oder („Tendenz zur Mitte“) aus Unsicherheit Vermeiden eindeutiger Urteile.

Biologische Leistungskurve/Biorhythmus

Zeit der psychologischen Leistungsbereitschaft des Lernenden; unterliegt dem Biorhythmus. Leistungshoch: Ca. zwischen 7:00 und 11:00 Uhr (Spitze hier ca. 10:00 Uhr) sowie zwischen 17:00 und 19:00 Uhr. Leistungstiefs ca. zwischen 13:00 und 16:00 Uhr (Spitze hier ca. 15:00 Uhr). Unterweisungen sollten danach ausgerichtet sein. Es sollten danach auch sinnvolle Pausenregelungen gewählt werden.

Brainstorming

Bekannteste Kreativitätstechnik, die schöpferische Diskussion durch Vermeiden von Denk- und Sprech-Hemmungen ermöglichen soll. **Ablauf:**

- Vorbereitung (Auswahl der max. 15 Beteiligten nach erforderlichen Kenntnissen; Bestimmen des Moderators; organisatorische Voraussetzungen für ungestörten Verlauf);
- Durchführung (max. 30 Minuten freier Austausch von Ideen ohne Kritik und Killerphrasen mit konstruktivem Aufgreifen und Weiterspinnen ohne Urheberansprüche);
- Auswertung (Abklopfen der gesammelten Ideen auf verwertbare oder ggf. weiter zu prüfende).

Brainwriting
Variante des Brainstorming, bei der die (meist max. 6) Teilnehmer ihre (möglichst 3) Vorschläge in Stichworten auf ein Formular schreiben, das sie (nach ca. 5 Minuten) im Uhrzeigersinn weitergeben, so dass jeder alle Vorschläge der anderen sieht. Wegen der genannten zahlenmäßigen Vorgaben auch „6-3-5-Methode“ genannt.

Demographischer Wandel
Veränderung der Bevölkerungsstruktur. Dabei ist v.a. die Verschiebung der Altersstruktur durch die niedrige Geburtenrate in Richtung höheren Anteils älterer Menschen als Rahmenbedingung der Personalplanung zu berücksichtigen. **Folgen** in diesem Sinne können sein:
- Rückgang der Bewerbungen auf Ausbildungsplätze;
- Mangel an Fachkräften;
- Erhöhung des Altersdurchschnitts der Belegschaft;
- Ausscheiden vieler Mitarbeiter aus Altersgründen;
- Verlust von Erfahrung.

Didaktische Prinzipien/Grundsätze
Allgemeine Grundsätze zur Gestaltung der Unterweisungen bzw. Vermittlung der Fertigkeiten und Kenntnisse.

Systematische Anleitung der Auszubildenden durch den Ausbilder. **Prinzipien:**
Prinzip der Anschaulichkeit, Prinzip der Aktivität, Prinzip der Praxisnähe, Prinzip der Entwicklungsgemäßheit, Prinzip der Erfolgssicherung, Prinzip der Verknüpfung (vom Einfachen zum Komplizierten, vom Leichten zum Schweren, vom Bekannten zum Unbekannten, vom Konkreten zum Abstrakten, vom Allgemeinen zum Speziellen, vom Nahem zum Fernen).

Diversity Management

Im Personalmanagement der bewusst positive Umgang mit der Verschiedenartigkeit der Mitarbeiter, gleichgültig ob die Unterschiede in Geschlecht, sexueller Orientierung, religiöser Überzeugung, kultureller Identität etc. bestehen. Ziel ist eine gerade durch die Unterschiede geförderte Atmosphäre gegenseitigen Respekts, idealerweise gegenseitiger Anregung im gemeinsamen Interesse an produktiver Tätigkeit für das Unternehmen.

Duales System

Berufsausbildung in Deutschland in Kombination aus schulischer = überwiegend theoretischer und betrieblicher = überwiegend praktischer Ausbildung.

Einarbeitung

Praxisbezogene Hinführung von Mitarbeitern an die für ein neues Aufgabengebiet erforderlichen speziellen Informationen, Kenntnisse und Fähigkeiten. Bei neuen Mitarbeitern kommen dazu die Unterrichtung über interne Strukturen, Regeln und Anweisungen incl. Maßnahmen zur sozialen Integration in die Unternehmensstruktur **(„onboarding")**.

Einführungstag

Für Auszubildende: Ablaufplan z.B.

- persönlicher Empfang; lockere Begrüßung;
- Betriebsbegehung;
- Information über betriebliche Einrichtungen wie Kantine, Erste-Hilfe, Pausenräume, Freizeiteinrichtungen; Parkmöglichkeiten bzw. Haltestellen öffentl. Nahverkehr;
- Vorstellen der Ansprechpartner;
- Vorstellung der Jugendvertretung;
- Erläuterung des Ausbildungsplans;
- Erklären des Ausbildungsnachweises bzw. Berichtsheftes;
- Hinführung zur ersten Ausbildungsstation oder Erläuterung des Ablaufs einer Einführungswoche.

E-learning

Lernen auf technische Grundlage von elektronischen Kommunikationssystemen. Im engeren Sinne: unter Nutzung von Servern über Internet. - **Vorteile**: ortsunabhängig, Wegfall von Zeit und Kosten für Anfahrt; durch Speicherung von Sitzungen und Lernfortschritten Reproduzierbarkeit, versäumte Sitzungen können als Aufzeichnung nachgeholt werden; vielfältige Interaktionsmöglichkeiten; Individualisierung von Lerntempo und Lerninhalten möglich. – **Nachteile:** Ablenkung durch Umgebung; Lernhaltung nicht durch Lehrer kontrollierbar; keine Interaktion mit anderen Lernenden, fehlender Klassen-/Gruppen-Effekt

Ergonomie

Anpassung der Arbeitsbedingungen und des Arbeitsumfeldes an den Menschen; auf den Menschen gut angepasster Arbeitsplatz.

Feedback (Lob/konstruktive Kritik)

Rückmeldung oder Beurteilung; sollte die Selbstwahrnehmung und Selbsteinschätzung ergänzen; Mitteilung, wie ein Verhalten auf andere wirkt; Verbesserungspotentiale helfen zu erkennen; hilft, sich weiter zu entwickeln; braucht klare Regeln; braucht Vertrauen; stärkt das gegenseitige Verständnis; gegenseitige Motivation;
Feedbackregeln: rechtzeitig, konkret, angemessen, brauchbar, konstruktiv und sachlich, Ich-Form, beschreibend und nicht wertend

Feinlernziel

Azubi soll nach Unterweisung in der Lage sein, Arbeitsgang selbständig durchzuführen.

Fortbildung

Vermittlung von Kenntnissen und Fähigkeiten an Mitarbeiter, u.a. durch:
Training: Einüben von Arbeits- / Handlungsabläufen durch Wiederholen.
Coaching: individuelle Betreuung zur Förderung und Entwicklung der Leistungsfähigkeit und Kompetenzen eines einzelnen Mitarbeiters.
Nach Zielen und Anlässen sind zu unterscheiden:

- **Erhaltung** der beruflichen Fähigkeiten;
- **Anpassung** an veränderte berufliche Anforderungen;
- **Weiterentwicklung** der Kenntnisse und Fähigkeiten von Mitarbeitern;
- **Aufstieg** in der Rangordnung.

Fragetechniken/Fragearten

- **Offene** Fragen: Beginnen mit einem Fragewort (W-Fragen) und ergeben ein breites Spektrum an Antwortmöglichkeiten.
- **Geschlossene** Fragen: Führen zu einer knappen/klaren Antwort – ja/nein.
- **Alternativfragen**: Geben die Antworten als Wahlmöglichkeiten vor (x oder y).
- **Suggestivfragen**: Unterstellt dem Gesprächspartner bereits eine Übereinstimmung der Antwort.
- **Rhetorische Fragen**: Sollen letztendlich nicht wirklich beantwortet werden, Ziel ist eher Aufmerksamkeit zu erreichen, die Antwort ist eigentlich eh klar.
- **Kettenfragen**: Verknüpft mehrere Fragen miteinander. Besser: Fragen einzeln stellen!

Führungsstile

Art und Weise, in der ein Vorgesetzter oder Ausbilder seine Führungsaufgabe/Ausbildertätigkeit erfüllt und seine Mitarbeiter bzw. die Azubis führt.

Einfluss-Faktoren: Unternehmenspolitik; Wertvorstellungen; Entscheidungs-Spielraum; „Niveau" der Mitarbeiter; Persönlichkeit der Führungskraft (Welt- und Menschenbild; Alter; Erfahrung; Temperament; Selbstbild); Persönlichkeit der Mitarbeiter (Qualifikation; Art der Motivation; Leistungsbereitschaft; Alter; Erfahrung)

Autoritärer Führungsstil; Kennzeichen: Entscheidungen durch den Vorgesetzten ohne Rücksprache und ohne Begründung. Vorteile: klare Regelung des Informationsflusses; einheitliche Anweisungen; klare Zuständigkeit und Verantwortung.

<u>Nachteile:</u> fehlende Teilhabe der Mitarbeiter; rückläufige Motivation der Mitarbeiter; evtl. Überforderung des Vorgesetzten; Gefahr von Fehlentscheidungen. - Geeignet in Funktionsbereichen ohne hohe Anforderungen an Flexibilität

und Kreativität wie z.B. Durchführung von Buchungen, Eingabe von Daten; bei unmotivierten und/oder unqualifizierten Mitarbeitern; bei besonderer Bedeutung einer exakten Erfüllung von Zeit- oder Qualitätsvorgaben.

Patriarchalischer Führungsstil; eher eine spezielle Ausprägung des autoritären Führungsstils, bei der die besondere Rolle eines charismatischen Chefs hinzukommt, der als fürsorglich wahrgenommen wird.

Kooperativer Führungsstil; Kennzeichen: Entscheidungen durch den Vorgesetzten nach Rücksprache mit den betroffenen Mitarbeitern, argumentative Information über Entscheidungen, um Einhaltung aus Überzeugung zu erreichen. - Vorteile: Berücksichtigung aller Aspekte und Erfahrungen; Motivation der Mitarbeiter; qualifizierte Umsetzung. - Nachteile: Zeitbedarf; evtl. Verunsicherung der Mitarbeiter über Autorität des Vorgesetzten. - Geeignet in Funktionsbereichen mit höheren Ansprüchen an Flexibilität und Kreativität; bei motivierbaren und kompetenten Mitarbeitern. – Partizipativer, integrativer, informativer Führungsstil und ähnliche mehr bezeichnen unterschiedliche Schwerpunkte innerhalb des kooperativen Führungsstils.

„Laissez-faire“; genau genommen gar kein „Führungs“-Stil sondern das Ausbleiben von Führung durch den Vorgesetzten. Einziger Vorteil: kreative und engagierte Mitarbeiter können sich entfalten.

Situativer Führungsstil; je nach Situation, zu entscheidender Frage, betroffenem Funktionsbereich und Niveau der beteiligten Mitarbeiter (Motivation; Leistungsfähigkeit und Leistungsbereitschaft) mehr autoritäres oder mehr kooperatives Vorgehen. Je höher das Niveau der Mitarbeiter und der Anforderungen, desto kooperativer der Führungsstil. Von Bedeutung für die Wahl des Stils können auch sein: Unternehmenskultur, gesellschaftliches Umfeld, Branche.

Groblernziel
Unterpunkte des Richtlernziels, im Ausbildungsrahmenplan.

Gruppen
Mehrere Menschen, die zueinander in einem Zusammenhang stehen. Beruht dieser Zusammenhang auf einer Anordnung, spricht man von „**formellen**" Gruppen; bei einer Bildung durch Gemeinsamkeiten ohne äußere Anordnung von „**informellen**". Eine Gruppe, die im bewussten und gewollten Zusammenwirken ein gemeinsames Ziel verfolgt, wird meist als Team bezeichnet.

Gruppenbildung/Gruppenentwicklung
Unterschieden werden meist die folgenden vier **Phasen** der Entwicklung nach Tuckman:
- Orientierung (**Forming**): Erste Konfrontation mit Aufgabe und Begegnung mit Team;
- Konflikt (**Storming**): Rangordnungskämpfe; Konflikte um Stellung, Kompetenzen, Ressourcen;
- Kooperation/Konsolidierung (**Norming**): Entwicklung gemeinsamer Normen und Werte, Herausbildung eines Wir-Gefühls;
- Integration (**Performing**): Konstruktive Lösung von Problemen, Fokussierung auf Projektaufgabe.

→ siehe Rollen/Charaktere/Typen innerhalb von Gruppen

Gruppendynamik
In einer Gruppe durch wechselseitige Beeinflussung („Interaktion") entstehende und/oder verstärkte Prozesse.

Gesetze – sind an der Ausbildung beteiligt
Berufsbildungsgesetz (BBiG), Ausbildungsordnung (AO), Jugendarbeitsschutzgesetz (JArbSchG), Arbeitszeitgesetz (ArbZG), Entgeltfortzahlungsgesetz (EntgFG), Bundes-

urlaubsgesetz (BurlG), Schulrecht (nach Länderrecht), Tarifvertragsgesetz, Arbeitsrecht (ArbR), Bürgerliches Gesetzbuch (BGB), Betriebsverfassungsgesetz (BetrVG + JAV)

Identifikation

Emotionale Bindung an das Unternehmen, die als Zugehörigkeit empfunden wird. - Mögliche Ursachen für mangelnde Identifikation können sein:

- lückenhafter Informationsfluss;
- keine Einflussmöglichkeit;
- Gefühl der Vernachlässigung durch Vorgesetzte;
- Eindruck einer ungerechten Behandlung;
- Reaktion auf Überforderung.

Jugendarbeitsschutz-Gesetz (JArbSchG)

Besondere Regelungen zum Schutz von Kindern und Jugendlichen vor ihrem Alter nicht angemessenen und damit potentiell schädlichen Arbeiten und Belastungen. Unter 15 Jahren ist Arbeit verboten (Ausnahme: kurze, leichte für Kinder geeignete Arbeiten); Jugendliche zwischen 15 und 18 Jahren Arbeitszeit: max. 8 h tgl., 5 Tage/Woche; Pausen: 4,5 – 6 h -> 30 min; > 6 h -> 60 min; höherer gesetzlicher Urlaubsanspruch.

Kohäsion

Zusammenhalt einer Gruppe (siehe Definition) auf Basis gemeinsamer Normen und Wertvorstellungen; „Wir-Gefühl" von Gemeinsamkeit und Zugehörigkeit. Stärke der Kohäsion ist u.a. abhängig von der Größe der Gruppe, Kontakthäufigkeit und -dauer, Vorprägung durch frühere Kontakte, Altersunterschiede bzw. Gleichaltrigkeit.

Kommunikationsregeln

Aktiv zuhören; non-verbale Zeichen der Aufmerksamkeit geben; positiv sprechen; bei Zweifeln nachfragen;

Verallgemeinerungen vermeiden, in Ich-Form sprechen; auf Partner in Wortwahl und Sprechweise einstellen; Ablenkungen und Störungen fernhalten, ggf. ignorieren.

Kompetenzen (Handlungskompetenzen)

Fähigkeiten von Mitarbeitern, insbes. Führungskräften und Ausbildern etc.:

- **Fach**kompetenz: Fähigkeit, alle fachlichen Kenntnisse und Fertigkeiten zur Bewältigung des Tätigkeitsbereichs erfolgreich einzusetzen; z.B. Fachkenntnisse, EDV-/Sprach-Kenntnisse
- **Methoden**kompetenz: Fähigkeit die entsprechenden Arbeitsabläufe mit geeigneten methodischen Vorgehensweisen zielgerichtet und effizient zu gestalten – z.B. Beherrschen von Entscheidungs- und Führungsmethoden, organisatorischen Techniken, Lern- und Arbeitstechniken, Problemlösungsfähigkeit, Zeitmanagement
- **Sozial**kompetenz: Fähigkeit im Umgang mit anderen Personen (Kollegen, Vorgesetzten, Kunden) z.B. kommunikative Fähigkeiten, Teamfähigkeit, Konfliktlösungsfähigkeit, Integrationsfähigkeit
- **Persönlichkeits**kompetenz/**Individual**kompetenz: Persönliche Fähigkeiten und eigene innere Einstellung z.B. Belastbarkeit, Leistungsfähigkeit, Lernbereitschaft, Kreativität, Eigeninitiative, Verantwortungsbewusstsein, Auftreten;

Hinweis: Emotionale Kompetenzen wie z.B. Empathie werden oft der Sozialkompetenz zugeordnet.

Kontrollinstrumente/Lernerfolgskontrolle

Instrumente/Möglichkeiten für Erfolgskontrollen in der Ausbildung z.B. Berufsschulnoten, Projektaufträge, Lernaufgaben, Arbeitsproben, Tests, Rollenspiele, Fachberichte/Referate, Ausbildungsnachweise, Lehrgespräche, Zwischenprüfung

Kündigung/Beendigung des Ausbildungsverhältnisses nach der Probezeit (§ 22 BBiG)

Von beiden Seiten aus "wichtigem Grund", der auch bei normalen Arbeitsverträgen eine fristlose Kündigung gerechtfertigt ohne Einhaltung einer Kündigungsfrist; nur vom Azubi mit einer Frist von vier Wochen; immer schriftlich mit Angabe des Kündigungsgrundes; bei Minderjährigen nur gegenüber dem gesetzlichen Vertreter

Kündigung fristlos

nur innerhalb der Probezeit ohne Einhaltung einer Kündigungsfrist

Lernbereiche

Kognitiver Lernbereich (Wissen→ Kopf) = Veränderung des Wissens, Denkens, Verstehens - wahrnehmen, denken, selbstständig erläutern, benennen, ordnen, zusammenfassen, beurteilen, entscheiden, unterscheiden, definieren, heraussuchen,
Affektiver Lernbereich (Einstellung→ Herz) = Veränderungen der Einstellung, Verhaltensweisen - korrekt einschätzen, erkennen, prüfen, akzeptieren
Psychomotorischer Lernbereich (Handeln → Hand) = Veränderungen der manuellen Fertigkeiten, des handwerklichen Könnens, der Bewegungsabläufe - entwickeln, etwas wagen, ausdrücken, trainieren, erweitern

Lernziel

Beschreibt das, was der Azubi nach der Ausbildungseinheit selbständig können soll; muss vor der Unterweisung vom Ausbilder formuliert und an den Azubi kommuniziert werden

Lernzielbereiche

Richtlernziel = Lernziel in einem Ausbildungsgang, im Ausbildungsrahmenplan
Groblernziel = Konkretisierung/Unterpunkte des Richtlernziels, im Ausbildungsrahmenplan
Feinlernziel = Azubi soll nach Unterweisung in der Lage sein, Arbeitsgang selbständig durchzuführen (gewünschtes Endverhalten)

Methoden/Unterweisungsmethoden

siehe gesamtes Kapitel 3

Mobbing

Was ist Mobbing? Fortgesetzte, aufeinander aufbauende oder ineinander übergreifende Anfeindungen, Schikanen, Diskriminierungen
Mobbingtagebuch führen → genau aufschreiben, wann, wer und wie Schikanen etc. stattfanden.

Modell der vollständigen Handlung (= Handlungskreislauf)

Hier bearbeitet der Azubi betriebliche Aufgabenstellungen eigenverantwortlich; Aufgabenstellungen werden in sechs Einzelphasen aufgeteilt; Azubi führt den Prozess der Bearbeitung von der Vorbereitung bis zur Ergebniskontrolle selbständig durch; Wichtig ist eine umfassende Vor- und Nachbereitung des Arbeitsprozesses; der Ausbilder unterstütz den Azubi dabei-

Phasen Handlungskreislauf:

1. **Informieren:** Was soll getan werden? (Arbeitsmittel, Arbeitsfeld, Kunden usw.)
2. **Planen:** Wie kann es umgesetzt werden? (Vorgehensweise festlegen, Arbeitsplan erstellen usw.)
3. **Entscheiden:** Welcher Lösungsweg soll genutzt werden? (Was muss ich tun?)
4. **Ausführen:** Arbeitsschritte selbständig ausführen
5. **Kontrollieren:** Ist der Arbeitsauftrag sach- und fachgerecht ausgeführt worden? (Qualitätsmanagement)
6. **Bewerten:** Was kann in Zukunft noch besser gemacht werden? (Ist das Arbeitsergebnis so wie ich es mir vorgestellt habe?)

Motivation

Triebkraft für das Handeln von Menschen. Unterschieden wird in „intrinsische" und „extrinsische" Motivation.

Intrinsische Motivation→ Motivation, die von innen, aus sich selbst kommt (ich will weiterkommen, ich will gut abschließen, die Ausbildung macht Spaß.

Extrinsische Motivation→ Motivation, die von außen kommt, vom Ausbildungsbetrieb (Extra-zahlungen, Handy, Jobgarantie).

Motivationsmöglichkeiten

Aktivierende Methoden einsetzen, Azubis ernst nehmen, Lob und Anerkennung aussprechen, Hilfe und Unterstützung anbieten jederzeit, praxisbezogene und abwechslungsreiche Aufgaben wählen, in das Team integrieren, Freiräume für Eigenständigkeit und Entfaltungsmöglichkeit bieten, Fehler zulassen, Ideen zulassen, Vorgehensweisen strukturieren, eigenständige Projekte übertragen, konstruktive Kritik üben, Feedback geben

Mutterschutzgesetz

Gilt auch in der Ausbildung und begründet besondere Sorgfaltspflichten für den Azubi sowie Kündigungsschutz.

Beschäftigungsverbote (6 Wochen vor und 8 Wochen nach Entbindung sowie bei Gefährdung und besonderen Arbeiten)

→ Der Mutterschutz zählt in die Ausbildungszeit mithinein.

Unterschied dazu: Die Dauer der Elternzeit (Elternzeitgesetzt) unterbricht das Ausbildungsverhältnis und kann danach weitergeführt werden.

Nachteilsausgleich

Prüflinge, deren körperliche Funktion, geistige Fähigkeit oder seelische Gesundheit mit hoher Wahrscheinlichkeit länger als 6 Monate vom typischen Zustand abweicht; Antrag über IHK; Nachweis fachärztliche Bescheinigung; Prüflinge haben länger Zeit bei der schriftlichen Prüfung

Pflichten Auszubildender (§13 BBiG)

Lernpflicht, Schulpflicht, Arbeiten sorgfältig ausführen, an Maßnahmen teilnehmen für die er nach §15 BBiG freigestellt ist, Weisungen folgen, Betriebsordnung beachten, Werkzeuge und Maschinen pfleglich behandeln, Stillschweigen über Betriebs- und Geschäftsgeheimnisse wahren, Führen des Ausbildungsnachweises

Pflichten Ausbildender (§§14,15,16 BBiG)

Ausbildungspflicht (selbst ausbilden oder Ausbilder beauftragen), Ausbildungsmittel kostenlos zur Verfügung stellen, zum Berufsschulbesuch und zur Führung des Ausbildungsnachweises anhalten und freistellen, charakterlich fördern (Erziehungspflicht), Fürsorgepflicht, ausbildungsbezogene Weisungen erteilen, nur Aufgaben übertragen die den körperlichen Kräften angemessen sind, Zeugnis ausstellen, angemessene Vergütung zahlen, für Prüfungen und Maßnahmen außerhalb der Ausbildungsstätte freistellen

Praktikum
Zeitlich begrenzte, unentgeltliche oder mehr symbolisch entlohnte Mitarbeit in einem Unternehmen, um die Tätigkeiten, Arbeitsbedingungen und Anforderungen kennenzulernen. Für die Unternehmen besteht dabei die Möglichkeit, die Anpassungsfähigkeit und persönlichen Eigenschaften potentieller Arbeitnehmer zu erfahren.

Probezeit
Mindestens 1 – höchstens 4 Monate betragen, muss im Ausbildungsvertrag geregelt sein.

Richtlernziel
Lernziel in einem Ausbildungsgang, im Ausbildungsrahmenplan

Rollen („soziale Rollen"; „Typen"; „Charaktere")
Typische Verhaltensmuster von Menschen in **Gruppen**. Unterschieden werden u.a. (dazu jeweils die Empfehlung für den Umgang seitens des Gruppenleiters/Ausbilders mit diesem Typ):
- Mitläufer – anleiten;
- Außenseiter – integrieren;
- Informelle Führer, Meinungsführer – kooperieren;
- Wichtigtuer – limitieren;
- Saboteure – isolieren;
- Clown – sinnvoll beschäftigen und nur dann beachten;
- Verweigerer – beauftragen;
- Schüchterner – fördern; loben;
- „Kümmerer" – bremsen;

Training
Methode der Fortbildung durch Einüben von Arbeits- / Handlungsabläufen durch Wiederholen. Maßnahmen werden unterschieden nach der Stellung zum Arbeitsplatz:
On the job = am Arbeitsplatz;
Off the job = außerhalb des Arbeitsplatzes;
Near the job = im Unternehmen, aber nicht am Arbeitsplatz.
Nach dem Verhältnis zur Berufsausübung:
Along the job = berufsbegleitend;
Into the job = Einarbeitung.

Überbetriebliche Ausbildung
Ergänzung der üblichen Aufteilung des dualen Systems zwischen Ausbildungsbetrieben und Berufsschulen in der Weise, dass in mehrwöchigen Lehrgängen in Werkstätten z.B. bei Kammern und Innungen Kenntnisse vermittelt werden, die insbesondere kleinere Betriebe auf Grund ihrer Ausstattung nicht leisten können. Die fehlenden Inhalte werden in einem von der zuständigen Stelle anerkannten Lehrgang vermittelt. Wichtig: Bei der Unterscheidung zwischen überbetrieblicher und außerbetrieblicher Ausbildung geht es nicht um den Lernort, sondern um die Finanzierungsform. Überbetrieblich = vom Betrieb finanziert. Außerbetrieblich = fremdfinanziert (meistens durch staatliche Programme)

Verbundausbildung
Können Betriebe nicht alle Mindestinhalte selbst abdecken, dann kann dies durch Maßnahmen außerhalb der Ausbildungsstätte - durch überbetriebliche Ausbildungsmaßnahmen – abgedeckt werden. Nach § 10 Abs. 5 BBiG: Zusammenschluss bzw. Kooperation mit anderen Unternehmen zur Sicherung eines ordnungsgemäßen Ablaufs der Ausbildung.

Es gibt **vier Grundformen zur Kooperation/Ausbildung im Verbund**:

1. **Auftragsausbildung**: Einzelne Ausbildungsabschnitte werden aus fachlichen Gründen oder wegen fehlender Kapazität gegen Kostenerstattung an andere Unternehmen oder Bildungsträger vergeben. Der ausbildende Betrieb trägt allein die Verantwortung für die Ausbildung.
2. **Konsortium**: Mehrere kleine und mittelständische Unternehmen vereinbaren die Verbundausbildung als gemeinsamen Zweck. Sie stellen jeweils Auszubildende ein und tauschen diese zu vereinbarten Phasen aus.
3. **Leitbetrieb mit Partnerbetrieben**: Der Leitbetrieb ist für die Ausbildung insgesamt verantwortlich. Er schließt die Ausbildungsverträge ab und organisiert die phasenweise Ausbildung bei den Partnervertrieben. Die Partnervertriebe übernehmen nur die Vermittlung von Ausbildungsinhalten, die vom Leitbetrieb nicht vermittelt werden können. Der Nutzen für die Partnerbetriebe besteht darin, dass sie ihre eigene Ausbildungsfähigkeit verbessern und Fachkräftenachwuchs mit geringem Kostenaufwand ausbilden.
4. **Ausbildungsverein**: Mehrere Betriebe schließen sich auf vereinsrechtlicher Grundlage zusammen (als Verein, GmbH oder GbR). Der Verein tritt als Ausbildender auf. Er übernimmt die Steuerung der Ausbildung und wird von den Mitgliedern finanziell getragen. Jedes Mitglied des Vereins übernimmt Teile der inhaltlichen Ausbildung.

Verkürzungsmöglichkeiten

Geregelt im BBiG; wegen beruflicher Vorbildung (6-12 Monate) und/oder wegen schulischer Vorbildung (6-12 Monate); Verkürzung wegen guter Leistungen (bis 12 Monate; Note bis 2,49 und besser: Anmeldung für Sommerprüfung bis 20.2.);

Mindestausbildungszeiten beachten (bei 3 Jahren Regelausbildungszeit sind das 1,5 Jahre); es dürfen keine Ausbildungsinhalte weggelassen werden, es muss alles vermittelt werden, was im Rahmenplan steht; Verkürzung kann direkt im Vertrag vereinbart werden oder im Nachhinein beantragt werden (IHK/HWK).

Vier-Ohren-Modell

Modell der Vierseitigkeit von Nachrichten nach Friedemann Schulz von Thun;
Sachinhalt: konkrete Information;
Selbstoffenbarung: unbewusst mitschwingende Darlegung der emotionalen Befindlichkeit des Sprechenden;
Beziehung: durch non-verbale Komponenten wie Sprechweise, Körpersprache, Wortwahl, Mimik beeinflusste Manifestation des Verhältnisses zum andern;
Appell: Aufforderung zu einer Reaktion.

Vier-Stufen-Methode

1.: Vorbereitung des Arbeitsplatzes und der Hilfsmittel, Vorbereitung des Auszubildenden und des Ausbilders; Lernziel und Thema werden dem Auszubildenden genannt.
2:. Vorführung durch Ausbilder; erklärt die einzelnen Lernschritte; Bewertungskriterien werden genannt.
3. Nachvollziehen durch den Auszubildenden, falls erforderlich wird vom Ausbilder korrigierend eingegriffen.
4. Abschluss/Erfolgskontrolle; Zusammenfassung mit eigenen Worten oder nochmalige Durchführung werden gefordert, eventuelle Fertigkeits- und Kenntnislücken dabei geschlossen, der Bezug zur Praxis wird hergestellt und das Üben veranlasst sowie die Eintragung ins Ausbildungsnachweisheft.

Vorbildfunktion

Aufgabe als Führungskraft, durch eigenes Verhalten den unterstellten Mitarbeitern die Erfüllung der Anforderungen und Erwartungen vorzuleben, die er selbst an sie stellt. Dies gilt v.a. für das Einhalten von Regeln und Vorschriften, aber darüber hinaus auch für Motivation, Einsatz und soziales Verhalten.

Zeugnis (Ausbildungszeugnis)

Nach Beendigung der Ausbildung hat der Ausbildende (§16 BBiG) die Pflicht, dem Auszubildenden ein schriftliches Zeugnis auszustellen; eine elektronische Form ist ausgeschlossen.
Mindestinhalte des Zeugnisses: Art, Dauer + Ziel der Ausbildung sowie erworbene berufliche Fertigkeiten, Fähigkeiten und Kenntnisse.
Weiter Inhalte auf Verlangen des Auszubildenden (**qualifiziertes Zeugnis**): Angaben über Verhalten und Leistung sowie Qualifikationen.

Zuständige Stelle (im Rahmen der Ausbildung)

Meist Industrie- und Handelskammern (IHK) oder Handwerkskammern (HWK); aber auch: Landwirtschafts-kammern, Wirtschaftsprüfer- oder Steuerberaterkammern, Rechtsanwalts-/ Notarkammern, Ärztekammern etc.

7. Inspiration möglicher Fragestellungen im Fachgespräch

In diesem Kapitel möchten wir Ihnen einige Beispiel-Fragestellungen an die Hand geben, welche im Fachgespräch möglicherweise auf Sie zukommen können. Diese sollen als Inspiration dienen und Ihnen bei der Vorbereitung eine Hilfestellung sein. Weiterhin möchten wir dazu anregen, sich mit den Themen der Fragestellung und den möglichen Antworten vollumfänglich zu beschäftigten und auseinander zu setzen. Auf diese Weise können Sie sich bestens auf den Teil des Fachgespräches vorbereitet und an Sicherheit gewinnen.

- Welche Methoden würden Sie als Ausbilder wählen, um die Selbständigkeit Ihrer Auszubildenden zu fördern?

- Wie geht man vor, wenn man für den eigenen Betrieb neue und qualifizierte Auszubildende sucht?

- Was ist der Unterschied zwischen beurteilen und bewerten?

- Was ist der Unterschied zwischen Coaching und Mentoring?

- Thema Feedback: Wann, in welchem Umfang, wie wichtig?

- Was ist der Unterschied zwischen Didaktik und Planung?

- Sie stellen einen plötzlichen Leistungseinbruch Ihres Auszubildenden fest – was tun Sie in der Rolle des Ausbilders? Wie gehen Sie vor?

- Sie erkennen, dass Ihr Auszubildender Alkoholprobleme hat und damit zur Arbeit kommt– was tun Sie in der Rolle des Ausbilders? Wie gehen Sie vor?

- Wie gehen Sie in der Rolle des Ausbilders mit „schwächeren“ Azubis um?

- Welche Eigenschaften sollte ein optimaler Azubi mitbringen? Bitte begründen Sie dies auch.

- Welches Wissen und welche Kompetenzen benötigen Sie in der Ausbildung anderer Kulturen? Was gibt es zu berücksichtigen?

- Welche Möglichkeiten gibt es, wenn man ein Thema nach Ausbildungsrahmenplan im eigenen Betrieb selbst nicht vermitteln kann?

- Warum ist das Führen des Ausbildungsnachweises/ Berichtsheftes so wichtig?

- Wie würden Sie als Ausbilder bei der Einführung und Planung neuer Ausbildungsberufe im eigenen Betrieb vorgehen?

- Was ist der Sinn und Zweck der Ausbildungsordnung (AO)?

8. Erfahrungsberichte von Teilnehmern

Ich bin ein auditiver Lerntyp und konnte im Unterricht Einiges mitnehmen. Dadurch musste ich daheim nicht mehr so viel lernen. Vor der Prüfung war ich sehr aufgeregt, das hat sich aber schnell gelegt, als ich im Prüfungsraum war. Die Unterweisung, die ich mir ausgesucht habe, ist momentan eine meiner Hauptaufgaben in der Firma. Deshalb konnte ich mich gut in die Prüfungssituation hineinversetzen. Die Zusammenarbeit mit der IHK Aschaffenburg war sehr gut. Alle Fragen wurden kompetent und schnell beantwortet. Die Prüfer waren freundlich und mir sehr zugewandt.

Evelyn Diaconu-Dagau (Kurs Logistikmeister Teilzeit)

Ich befand mich gerade in der Weiterbildung Wirtschaftsfachwirte und wollte „alles in einem“ erledigen. Deshalb habe ich im letzten Jahr an dem Vorbereitungskurs der IHK teilgenommen. Denn die Theorieprüfung muss man ja nicht machen. Die Dozentin erklärte die Themen anhand vieler Praxisbeispielen. Außerdem erhielten die Kursteilnehmer Unterlagen, sodass man sich noch mal gut auf die mündliche Prüfung und das Konzept vorbereiten konnte. Der zweite Tag wurde zum Vorstellen der selbst erarbeiteten Unterweisung oder Präsentation jedes Teilnehmers genutzt. Hier bekamen die Teilnehmer wertvolle Tipps, auf was man in der Prüfung unbedingt achten soll. Jede Prüfungssituation ist schwierig, da man als Prüfling mehr oder weniger aufgeregt ist. Jedoch verfolg die Aufregung sehr schnell, da die anwesenden Prüfer einem die Unsicherheit genommen haben. Die Prüfung startete mit einem lockeren Gespräch und dann ging es los. Die Zusammenarbeit mit der IHK kann ich als durchweg positiv beschreiben. Die eingesetzten Dozentinnen haben ein großes Fachwissen und können den zu lernenden Stoff richtig gut vermitteln.

Kristina Schäfer (Kurs Wirtschaftsfachwirte Teilzeit)

Ich habe den AEVO-Schein im Rahmen meiner nebenberuflichen Ausbildung zum Wirtschaftsfachwirt absolviert. Daher musste ich nur noch den mündlichen Teil ablegen. Für die Unterweisung habe ich ein Thema gewählt, welches ich dem Auszubildenden gut erklären kann und wo er gleich mitarbeiten kann. Große Baupläne nach DIN-Norm zu falten. Die Prüfungssituation habe ich mit meiner Auszubildenden einige Mal geübt und dabei überlegt, was die Prüfer so dazu fragen könnten. Kurz vor dem Prüfungstermin hatte ich nochmal die Gelegenheit mit einer Dozentin über die Rahmenbedingungen und den Ablauf zu sprechen. Das hat mir sehr geholfen. Am Tag der Prüfung hatte ich ein gutes Gefühl und die Anwesenheit meiner Auszubildenden hat mich sogar noch entspannt. Die Fragen der Prüfer waren eindeutig formuliert, sodass ich gut darauf antworten konnte. Ich bin froh, dass ich die Prüfung bei der IHK abgelegt und auch die Weiterbildung dort gemacht habe. Ich bin gut betreut worden, meine Fragen wurden freundlich beantwortet und die Dozentinnen und Dozenten sind super. Ich kann es nur empfehlen.

Mareike Karpf (Kurs Wirtschaftsfachwirte Teilzeit)

9. Auszug aus der Ausbilder-Eignungsverordnung (AEVO)

AusbEignV 2009
Ausfertigungsdatum: 21.01.2009

§ 1 Geltungsbereich
Ausbilder und Ausbilderinnen haben für die Ausbildung in anerkannten Ausbildungsberufen nach dem Berufsbildungsgesetz den Erwerb der berufs- und arbeitspädagogischen Fertigkeiten, Kenntnisse und Fähigkeiten nach dieser Verordnung nachzuweisen. Dies gilt nicht für die Ausbildung im Bereich der Angehörigen der freien Berufe.

§ 2 Berufs- und arbeitspädagogische Eignung
Die berufs- und arbeitspädagogische Eignung umfasst die Kompetenz zum selbstständigen Planen, Durchführen und Kontrollieren der Berufsausbildung in den Handlungsfeldern:

1. Ausbildungsvoraussetzungen prüfen und Ausbildung planen,
2. Ausbildung vorbereiten und bei der Einstellung von Auszubildenden mitwirken,
3. Ausbildung durchführen und
4. Ausbildung abschließen.

§ 3 Handlungsfelder
(1) Das Handlungsfeld nach § 2 Nummer 1 umfasst die berufs- und arbeitspädagogische Eignung, Ausbildungsvoraussetzungen zu prüfen und Ausbildung zu planen. Die Ausbilder und Ausbilderinnen sind dabei in der Lage,

1. die Vorteile und den Nutzen betrieblicher Ausbildung darstellen und begründen zu können,

2. bei den Planungen und Entscheidungen hinsichtlich des betrieblichen Ausbildungsbedarfs auf der Grundlage der rechtlichen, tarifvertraglichen und betrieblichen Rahmenbedingungen mitzuwirken,
3. die Strukturen des Berufsbildungssystems und seine Schnittstellen darzustellen,
4. Ausbildungsberufe für den Betrieb auszuwählen und dies zu begründen,
5. die Eignung des Betriebes für die Ausbildung in dem angestrebten Ausbildungsberuf zu prüfen sowie, ob und inwieweit Ausbildungsinhalte durch Maßnahmen außerhalb der Ausbildungsstätte, insbesondere Ausbildung im Verbund, überbetriebliche und außerbetriebliche Ausbildung, vermittelt werden können,
6. die Möglichkeiten des Einsatzes von auf die Berufsausbildung vorbereitenden Maßnahmen einzuschätzen sowie
7. im Betrieb die Aufgaben der an der Ausbildung Mitwirkenden unter Berücksichtigung ihrer Funktionen und Qualifikationen abzustimmen.

(2) Das Handlungsfeld nach § 2 Nummer 2 umfasst die berufs- und arbeitspädagogische Eignung, die Ausbildung unter Berücksichtigung organisatorischer sowie rechtlicher Aspekte vorzubereiten. Die Ausbilder und Ausbilderinnen sind dabei in der Lage,

1. auf der Grundlage einer Ausbildungsordnung einen betrieblichen Ausbildungsplan zu erstellen, der sich insbesondere an berufstypischen Arbeits- und Geschäftsprozessen orientiert,
2. die Möglichkeiten der Mitwirkung und Mitbestimmung der betrieblichen Interessenvertretungen in der Berufsbildung zu berücksichtigen,

3. den Kooperationsbedarf zu ermitteln und sich inhaltlich sowie organisatorisch mit den Kooperationspartnern, insbesondere der Berufsschule, abzustimmen,
4. Kriterien und Verfahren zur Auswahl von Auszubildenden auch unter Berücksichtigung ihrer Verschiedenartigkeit anzuwenden,
5. den Berufsausbildungsvertrag vorzubereiten und die Eintragung des Vertrages bei der zuständigen Stelle zu veranlassen sowie
6. die Möglichkeiten zu prüfen, ob Teile der Berufsausbildung im Ausland durchgeführt werden können.

(3) Das Handlungsfeld nach § 2 Nummer 3 umfasst die berufs- und arbeitspädagogische Eignung, selbstständiges Lernen in berufstypischen Arbeits- und Geschäftprozessen handlungsorientiert zu fördern. Die Ausbilder und Ausbilderinnen sind dabei in der Lage,

1. lernförderliche Bedingungen und eine motivierende Lernkultur zu schaffen, Rückmeldungen zu geben und zu empfangen,
2. die Probezeit zu organisieren, zu gestalten und zu bewerten,
3. aus dem betrieblichen Ausbildungsplan und den berufstypischen Arbeits- und Geschäftsprozessen betriebliche Lern- und Arbeitsaufgaben zu entwickeln und zu gestalten,
4. Ausbildungsmethoden und -medien zielgruppengerecht auszuwählen und situationsspezifisch einzusetzen,
5. Auszubildende bei Lernschwierigkeiten durch individuelle Gestaltung der Ausbildung und Lernberatung zu unterstützen, bei Bedarf

ausbildungsunterstützende Hilfen einzusetzen und die Möglichkeit zur Verlängerung der Ausbildungszeit zu prüfen,

6. Auszubildenden zusätzliche Ausbildungsangebote, insbesondere in Form von Zusatzqualifikationen, zu machen und die Möglichkeit der Verkürzung der Ausbildungsdauer und die der vorzeitigen Zulassung zur Abschlussprüfung zu prüfen,
7. die soziale und persönliche Entwicklung von Auszubildenden zu fördern, Probleme und Konflikte rechtzeitig zu erkennen sowie auf eine Lösung hinzuwirken,
8. Leistungen festzustellen und zu bewerten, Leistungsbeurteilungen Dritter und Prüfungsergebnisse auszuwerten, Beurteilungsgespräche zu führen, Rückschlüsse für den weiteren Ausbildungsverlauf zu ziehen sowie
9. interkulturelle Kompetenzen zu fördern.

(4) Das Handlungsfeld nach § 2 Nummer 4 umfasst die berufs- und arbeitspädagogische Eignung, die Ausbildung zu einem erfolgreichen Abschluss zu führen und dem Auszubildenden Perspektiven für seine berufliche Weiterentwicklung aufzuzeigen. Die Ausbilder und Ausbilderinnen sind dabei in der Lage,

1. Auszubildende auf die Abschluss- oder Gesellenprüfung unter Berücksichtigung der Prüfungstermine vorzubereiten und die Ausbildung zu einem erfolgreichen Abschluss zu führen,
2. für die Anmeldung der Auszubildenden zu Prüfungen bei der zuständigen Stelle zu sorgen und diese auf durchführungsrelevante Besonderheiten hinzuweisen,

3. an der Erstellung eines schriftlichen Zeugnisses auf der Grundlage von Leistungsbeurteilungen mitzuwirken sowie
4. Auszubildende über betriebliche Entwicklungswege und berufliche Weiterbildungsmöglichkeiten zu informieren und zu beraten.

§ 4 Nachweis der Eignung

(1) Die Eignung nach § 2 ist in einer Prüfung nachzuweisen. Die Prüfung besteht aus einem schriftlichen und einem praktischen Teil. Die Prüfung ist bestanden, wenn jeder Prüfungsteil mit mindestens „ausreichend“ bewertet wurde. Innerhalb eines Prüfungsverfahrens kann eine nicht bestandene Prüfung zweimal wiederholt werden. Ein bestandener Prüfungsteil kann dabei angerechnet werden.
(2) Im schriftlichen Teil der Prüfung sind fallbezogene Aufgaben aus allen Handlungsfeldern zu bearbeiten. Die schriftliche Prüfung soll drei Stunden dauern.
(3) Der praktische Teil der Prüfung besteht aus der Präsentation einer Ausbildungssituation und einem Fachgespräch mit einer Dauer von insgesamt höchstens 30 Minuten. Hierfür wählt der Prüfungsteilnehmer eine berufstypische Ausbildungssituation aus. Die Präsentation soll 15 Minuten nicht überschreiten. Die Auswahl und Gestaltung der Ausbildungssituation sind im Fachgespräch zu erläutern. Anstelle der Präsentation kann eine Ausbildungssituation auch praktisch durchgeführt werden.
(4) Im Bereich der Landwirtschaft und im Bereich der Hauswirtschaft besteht der praktische Teil aus der Durchführung einer vom Prüfungsteilnehmer in Abstimmung mit dem Prüfungsausschuss auszuwählenden Ausbildungssituation und einem Fachgespräch, in dem die Auswahl und Gestaltung der Ausbildungssituation zu

begründen sind. Die Prüfung im praktischen Teil soll höchstens 60 Minuten dauern.

(5) Für die Abnahme der Prüfung errichtet die zuständige Stelle einen Prüfungsausschuss. § 37 Absatz 2 und 3, § 39 Absatz 1 Satz 2, die §§ 40 bis 42, 46 und 47 des Berufsbildungsgesetzes gelten entsprechend.

§ 5 Zeugnis

Über die bestandene Prüfung ist jeweils ein Zeugnis nach den Anlagen 1 und 2 auszustellen.

§ 6 Andere Nachweise

(1) Wer die Prüfung nach einer vor Inkrafttreten dieser Verordnung geltenden Ausbilder-Eignungsverordnung bestanden hat, die auf Grund des Berufsbildungsgesetzes erlassen worden ist, gilt für die Berufsausbildung als im Sinne dieser Verordnung berufs- und arbeitspädagogisch geeignet.

(2) Wer durch eine Meisterprüfung oder eine andere Prüfung der beruflichen Fortbildung nach der Handwerksordnung oder dem Berufsbildungsgesetz eine berufs- und arbeitspädagogische Eignung nachgewiesen hat, gilt für die Berufsausbildung als im Sinne dieser Verordnung berufs- und arbeitspädagogisch geeignet.

(3) Wer eine sonstige staatliche, staatlich anerkannte oder von einer öffentlich-rechtlichen Körperschaft abgenommene Prüfung bestanden hat, deren Inhalt den in § 3 genannten Anforderungen ganz oder teilweise entspricht, kann von der zuständigen Stelle auf Antrag ganz oder teilweise von der Prüfung nach § 4 befreit werden. Die zuständige Stelle erteilt darüber eine Bescheinigung.

(4) Die zuständige Stelle kann von der Vorlage des Nachweises über den Erwerb der berufs- und arbeitspädagogischen Fertigkeiten, Kenntnisse und Fähigkeiten auf Antrag befreien, wenn das Vorliegen berufs- und arbeitspädagogischer Eignung

auf andere Weise glaubhaft gemacht wird und die ordnungsgemäße Ausbildung sichergestellt ist. Die zuständige Stelle kann Auflagen erteilen. Auf Antrag erteilt die zuständige Stelle hierüber eine Bescheinigung.

§ 7 Fortführen der Ausbildertätigkeit

Wer vor dem 1. August 2009 als Ausbilder im Sinne des § 28 Absatz 1 Satz 2 des Berufsbildungsgesetzes tätig war, ist vom Nachweis nach den §§ 5 und 6 dieser Verordnung befreit, es sei denn, dass die bisherige Ausbildertätigkeit zu Beanstandungen mit einer Aufforderung zur Mängelbeseitigung durch die zuständige Stelle geführt hat. Sind nach Aufforderung die Mängel beseitigt worden und Gefährdungen für eine ordnungsgemäße Ausbildung nicht zu erwarten, kann die zuständige Stelle vom Nachweis nach den §§ 5 und 6 befreien; sie kann dabei Auflagen erteilen.

§ 8 Übergangsregelung

Begonnene Prüfungsverfahren können bis zum Ablauf des 31. Juli 2010 nach den bisherigen Vorschriften zu Ende geführt werden. Die zuständige Stelle kann auf Antrag des Prüfungsteilnehmers oder der Prüfungsteilnehmerin die Wiederholungsprüfung nach dieser Verordnung durchführen; § 4 Absatz 1 Satz 5 findet in diesem Fall keine Anwendung. Im Übrigen kann bei der Anmeldung zur Prüfung bis zum Ablauf des 30. April 2010 die Anwendung der bisherigen Vorschriften beantragt werden.

§ 9 Inkrafttreten, Außerkrafttreten

Diese Verordnung tritt am 1. August 2009 in Kraft.

Zeugnis

Als Anlage ist der Verordnung beigefügt, wie das Zeugnis aufgebaut sein soll:

Anlage 1 (zu § 5)
Muster

(Fundstelle: BGBl. I 2009, 91)

(Bezeichnung der zuständigen Stelle)
Zeugnis

Herr/Frau ....

geboren am .... in ....

hat am .... die Prüfung

nach der Ausbilder-Eignungsverordnung vom 21. Januar 2009 (BGBl. I S. 88)

bestanden.

Damit wurden die berufs- und arbeitspädagogischen Fertigkeiten, Kenntnisse und Fähigkeiten im Sinne des § 30 des Berufsbildungsgesetzes nachgewiesen.

Ort/Datum ....

Unterschrift(en) ....

(Siegel der zuständigen Stelle)

Anlage 2 (zu § 5)
Muster

(Fundstelle: BGBl. I 2009, 92)

(Bezeichnung der zuständigen Stelle)

Zeugnis

Herr/Frau ....

geboren am .... in ....

hat am .... die Prüfung

nach der Ausbilder-Eignungsverordnung vom 21. Januar 2009 (BGBl. I S. 88)

mit folgenden Ergebnissen bestanden:

	Punkte	Note
1. Schriftlicher Prüfungsteil	....	....
2. Praktischer Prüfungsteil	....	....

Damit wurden die berufs- und arbeitspädagogischen Fertigkeiten, Kenntnisse und Fähigkeiten im Sinne des § 30 des Berufsbildungsgesetzes nachgewiesen.

Ort/Datum

Unterschrift(en)

(Siegel der zuständigen Stelle)